ビギナーズ 日本の思想

九鬼周造「いきの構造」

九鬼周造
大久保喬樹=編

角川文庫 16703

編者まえがき

――『「いき」の構造』の現代訳にあたって

「いき」と聞いて、どんな印象が思い浮かぶでしょうか。

当代随一の名女形《おんながた》坂東玉三郎の水も滴るような町娘姿《まちむすめすがた》。夕暮れ時の軒先からかすかに聞こえてくる三味線の音。あるいは、思いあう若いふたりをそっとひきあわせてやってから素知らぬ顔で立ち去る寅さんのふるまい。

いずれも歌舞伎や新派、人情芝居などではなじみがあっても、実際には見かけなくなってしまった昔の情景にも思われるものですが、形を変えれば、まだ私たちの身の回りにも、こんな姿で生き続けているのかもしれません。

洗いざらしのジーンズに素足の女性が何気なく髪をかきあげる仕草。夜更けのビルの地下から低く流れてくるジャズピアノの音。あるいは、ふだん鬼のように厳しい上司が、恋人を残して遠方に赴任する部下にさりげなく特別休暇をはからってやる。

こうした情景やふるまいを今ではさしずめ「おしゃれ」とか「クール」とでもよ

ぶのかもしれません。こんなふうに現代流に言い換えたりすると、それは違う、「いき」の江戸前の気分はそんなもんじゃないなどと注文をつけられるかもしれませんが、表向きは変わっても、底に流れている感覚や感情には通いあうものがあるのではないでしょうか。「いき」は、いわば日本人のDNAの一要素として時代を超えて受け継がれてきているものであり、無意識のうちに私たちの暮らし、生き方を律するリズムとなっているのではないでしょうか。

このように「いき」はさまざまな姿で私たちの周囲に息づいてきたものでありながら、それが厳密にはどういう性質のものであり、どういう働きをするものなのか、どれだけ私たちの暮らしにかかわっているのかということは、必ずしも、明らかにされてきたとはいえませんでした。たとえば仏教教理とか、武士道倫理とかいうような事柄については盛んに論じられてきたのとずいぶん違います。

なぜそうなのかといえば、ひとつには、「いき」というものが、本来、抽象的な思想とか論理だとかになじまない微妙な感覚や感情から成り立っているからであり、いまひとつには、庶民の日常的な暮らしの産物であって、学問的な論議の枠から外れてきたという事情があったといえるでしょう。

こうして本格的な論議、解明から置き去りにされてきた「いき」というものを、まさに真正面から取りあげて、精緻な分析、意味づけをほどこし、仏教や武士道に匹敵する日本文化の根本要素として提示したのが、九鬼周造《くきしゅうぞう》の『「いき」の構造』です。

この小さな書物は西田幾多郎《にしだきたろう》の『善の研究』や和辻哲郎《わつじてつろう》の『風土』などとならんで、近代日本哲学が生んだ最も独創的な著作として高く評価されてきました。哲学といえば、カントやヘーゲルに代表される難解で抽象的な観念の体系、日常の暮らしからはかけ離れた形而上的世界の探求というのがそれまでの常識的な受けとめ方であったのに対し、吉原など江戸遊里の世界での男女の駆け引きという、いかにも俗っぽい日常生活から出発して精緻な分析を積みあげていき、武士道や仏教、建築や音楽にまでかかわる日本民族独自の美意識のありかたとして論証したこの試みは、哲学という学問のスタイルを一新させるような画期的な成果をあげ、近年ますます大きな注目を集めてきています。

しかしながら世間一般の読者にとって『「いき」の構造』は必ずしも読みやすいものとはいえないでしょう。九鬼の分析、論理は、よく読みこんでみれば、明快で整然としたものであることが理解されてきますが、その文章は決してとっつきやすいものではありません。それは、ひとつには、明治以来の近代日本哲学の宿命として、西欧哲学から翻訳された専門用語や表現に一般人には見慣れないものが多く、また九鬼独特の入り組んだ、あるいは省略された言い回しで語られるためであり、いまひとつには、豊富に引用される古今東西の文化、とりわけ、歌舞伎や俗謡など江戸町人文化の知識を要求されるためで、その結果、この世評高い著作を近づきにくいものとしてきたといえます。

こうした障壁を少しでも低くするために、これまでも、さまざまな解説や注釈などがおこなわれてきましたが、本書では、それらをふまえたうえで、さらに一歩ふみこんで全体を現代訳することを試みました。戦前とはいえ、さほど現在から遠くない時期に書かれた日本語の文章の現代訳というのは奇妙に思われるかもしれませんが、その趣旨は、九鬼が言おうとしたことを現代の一般読者にとってできるかぎりわかりやすい簡明率直な表現に置き換えるということです。そのために用語を改め、原文のままでは込みいりすぎて理解しにくい部分を思い切って簡略化したり、逆に補足したり、あるいは言い換えたりして、いわば直訳ではなく意訳をめざしました。

そして、こうした方針にしたがい、本書では、各章末に九鬼自身が付した原注に加えて、本文中で説明が必要と思われる箇所には訳注を括弧の形でほどこしたほか、各章の初めに内容の要点を簡単に記し、論の節目に小見出しをつけました。

一方、論の本筋にかかわらない範囲では、煩瑣《はんさ》を避けるために、原著の強調記号（○●◎など）や引用を省略したり、出典をあげなかったりした箇所もあります。これらについて、より詳しく知ることを望まれる場合には、巻末の読書案内に紹介した他書をご参照ください。

さらに、『「いき」の構造』は、その成立の背景となる九鬼の生涯に深いかかわりがあり、それを理解することが不可欠であるところから、著作解説をふくめる形でこの異端の哲学者の波乱に富んだ人生遍歴をたどってみました。

これらをあわせ読むことにより、専門哲学書の枠を超えた日本文化論の傑作として『「いき」の構造』を理解していただくことができれば幸いです。

大久保喬樹

目次

イラスト／三角亜紀子
図版作成／クラフト・大友洋

「いき」の構造

序

生きた哲学というのは、身の回りの現実を理解することができるようなものでなくてはならない。私たちは、「いき」という現象があることを知っているが、それならば、この現象はどのような構造をしているのだろうか。「いき」とは、つまるところ、私たち日本人に独特な「生き」かたのひとつではないだろうか。こうした現実をありのままにとらえること、また、体験として実感されるべきものを理論的に解明することが本書で追求しようとする課題である。

昭和五年十月

著者

一 序説

解説　この序説では、これから「いき」という現象のさまざまな性質やあらわれかたを分析、検討する本論にさきだって、まず、その前提となる基本的な方法論を述べています。

そこで九鬼がとくに力を入れて強調するのは、「いき」という日本語がふくむ独特な意味内容、ニュアンスを見極めるということです。たしかに「いき」と類似するような言葉が、日本語以外の言語にも存在するにせよ、よく見てみるなら、微妙な相違がある、それは、それらの言葉を生み出した国々それぞれに固有の民族性や歴史を反映しているからだと九鬼は指摘して、「いき」の場合にも、そうした日本の民族性や歴史を反映した独特のニュアンスを重視しなければならないと説くのです。そして、そのためには、観念的な抽象、普遍化をめざすのではなく、あくまで「いき」の具体的、個別的なありかたを追求することが不可欠であると主張します。

さらに、これに加えて、九鬼は、「いき」は根本的には心がまえ、感性のありようから出発するのであり、目に見える仕草や姿形、装飾などは二次的な結果にすぎないと説いて、本論の考察順序の意図を示します。

「いき」は特殊な民族性を帯びたもの

「いき」という現象はどのような構造をしているのだろうか。

この問題に取り組むにあたって、まず、私たちはどのようにして「いき」の構造を解明し、「いき」というものをとらえることができるのか、その方法を検討しなければならない。

「いき」には一定の内容があり、その内容を意味する日本語としてなりたっていることはいうまでもない。

では、「いき」に相当するような語は日本語以外のさまざまな言語にも見出すことができるのだろうか。私たちは、まず、それについて調べてみなければならない。その結果、もし「いき」にあたる語が日本語にしか存在しないというのであれば、

「いき」は特殊な民族性を帯びたものだということになる。
そうだとすれば、こうした特殊な民族性を帯びた文化現象はどういう方法を用いて取り扱うべきなのだろうか。「いき」の構造を解明するための前提として、私たちは、まず、この方法論の問題をとりあげなければならない。

民族性のあらわれとしての言葉

言葉というものは民族とどのような関係にあるのだろうか。言葉には民族性がどのように反映されているのだろうか。

言葉は、それが実際にどのように用いられ、理解されているかを無視して、抽象的に論じることはできない。この具体的な言葉のありようから私たちはまず出発しなければならない。

私たちは民族を形成して暮らしているが、その民族の特質は言葉を通じてあらわれる。言葉というものは、その民族の過去から現在までのありようを語るのであり、民族性の表現にほかならないのである。それゆえに、ある民族の言葉というものは、必ず、その民族の暮らしに固有の特異な色合いを帯びているものなのである。

むろん、自然現象にかかわる言葉などの場合は、どの言語にも共通する普遍性がある程度まで認められるが、それにも限界がある。たとえばフランス語の ciel（空）とか bois（森）とかいう語を英語の sky（空）、wood（森）、ドイツ語の Himmel（空）、Wald（森）と比較してみると、その意味内容はまったく同一であるとは言えない。それぞれの国に住んだことのある人なら誰でも、このことはすぐに了解されるだろう。Le ciel est triste et beau（空は悲しくも美しい……ボードレールの詩「夕べの諧調」の一節）の ciel と、What shapes of sky or plain?（どんな様子の空なのか、野なのか……シェリーの詩「ひばりに」の一節）の sky と、Der bestirnte Himmel über mir（頭上高く星の瞬く天空……カントの哲学書『実践理性批判』結びの句の一節）の Himmel とは、同じ空とは言っても、それぞれの国土と住民に応じて微妙なニュアンスの違いがある。

このように自然現象にかかわる言葉でさえそうなのだから、ましてや特殊な社会現象にかかわる語の場合には、ほかの言語との間で厳密に意味が一致することなどありえない。ギリシャ語の πόλις（都市）や ἑταίρα（遊女）にしても、フランス語の ville（町）や courtisane（遊び女）とは異なった意味内容のものである。たとえもともとの語源が同じであっても、それぞれ各国語として成立してからは、その意味内容に相違が生まれてくる。ラテン語の caesar（皇帝）とドイツ語の Kaiser（皇帝）の意味内容は決して同一ではない。

さらに、抽象的な意味や語の場合にも同様の相違があると言える。相違どころか、ある民族の根本的な民族性を示す特定の言葉が、ほかの民族においては、同様の体験が根本的なものとなっていないために欠落しているというような場合すらある。たとえば、esprit（精神、才気）という言葉は、フランス人の国民性と歴史のすべてを反映しているが、この言葉はフランス人あってのものであって、ほかの民族の語彙《ごい》を見回しても全く同様のものは見つけることができない。

ドイツ語では、これに対応する語として Geist をあてるのが普通だが、Geist 自体の意味はヘーゲルの用語法によって規定されているものであって、フランス語の esprit と同じではない。geistreich（生気に満ちた、才気あふれる）という語も、まだ esprit に含まれるニュアンスをすべて満たしてはいない。もし、満たしているとすれば、それは意識的に esprit の翻訳としてこの語を用いた場合だけである。その場合には、geistreich 本来の意味内容のほかに強いてほかの新しいニュアンスを帯びさせられたのである。いや、それよりむしろ、ほかの新しい意味を注入されたとでも言った方がよい。その新しい意味とは、自国民から自然発生的に生まれてきたものではなくて、他国から人為的に取り込まれたものにすぎないのである。同様に、英語の spirit（精神）も intelligence（知性）も wit（機知）もみな esprit ではない。前のふたつでは esprit のニュアンスが不足しているし、wit では反対に過剰すぎる。

もうひとつ別の例をあげると、Sehnsucht（憧れ、渇望）という語は、ドイツ民族が生み出した言葉であって、ドイツの民族性と有機的に結びついている。陰鬱《いんうつ》な気候風土や戦乱に思い悩んだ民族が明るい幸福に満ちた世界に憧れる気持ちを示しているのである。

レモンの花咲く南国に憧れるのはミニョン（ゲーテの小説『ウィルヘルム・マイスターの修業時代』に登場する薄幸の少女。「君よ知るや南の国　レモンの花咲く……」と南国への憧れを歌い、主人公ウィルヘルム・マイスターを誘う一節は「ミニョンの歌」として名高い）ばかりではない。ドイツ国民すべてに共通する明るい南国への悩ましいまでの憧れの感情にほかならない。

夢もなお及ばない遠い未来のかなた、彫刻家たちのかつて夢みたよりも更に熱い南のかなた、神々が踊りながら一切の衣装を恥ずる彼地《かのち》へ。

（ニーチェ『ツァラトストラはこう語った』）

の憧憬、ニーチェのいわゆる flügelbrausende Sehnsucht（翼をざわめかせる憧れ）はドイツ国民が等しく抱くものである。そしてこの悩ましい感情が進んでいくと、それはまた、私たちを noumenon（秘奥の本質）の世界へと導いていく前段階として形而上的な情調をも帯びるようにもなるのである。

英語の longing（憧れ）やフランス語の langueur（憂愁）、soupir（ためいき）、désir（欲望）などでは、Sehnsucht のニュアンスをそっくりそのままあらわすことはできない。ブートルー（フランスの哲学者。九鬼は、その偶然性についての思想に影響をうけたといわれている）は「神秘説の心理」という論文において「その出発点はある定義しがたい精神状態で、ドイツ語の Sehnsucht がこの状態をかなりよく言い表している」と述べているが、ここでわざわざ Sehnsucht というドイツ語を持ち出しているということは、言いかえれば、フランス語には Sehnsucht の意味を表現する語が存在しないと認めていることにほかならない。

「いき」とchic

「いき」という日本語もこのような民族的ニュアンスの著しい語のひとつである。いま仮に、同じ意味をあらわすような語が、西欧の言語のうちにあるかどうか見てみよう。

まず、英語やドイツ語でこれに類似するような語を調べてみると、そのほとんどは、フランス語がもとになっていると言える。

それでは、フランス語のうちには「いき」に該当する語を見られるだろうか。第一に問題となるのは chic（しゃれた、上品な）という語である。この語は英語にもドイツ語にもそのまま借用されていて、日本ではしばしば「いき」と訳される。

この語の語源については二通りの説がある。

まず、ひとつの説によれば、chicane（言いがかり、屁理屈）の略で、裁判をもつれさせ、有利な方向に運ぶ手練手管というような意味がもとになっているという。一方、もうひとつの説によれば、chic の原型は schick（きちんとした、洗練された）、すなわち schicken（整える）からきたドイツ語であり、geschickt（巧みな、如才ない）と同様、万事につけて「巧妙」という意味をもっていた。その語をフランス語にとりいれて、しだいに趣味についての élégant（エレガント、洗練された）に近い意味に変えて用いるようになったが、それが今度は、この新しい意味をとりこんだ chic というフランス語としてドイツにも逆輸入されることになったという。

では、この語が現在どういう意味内容で用いられているかというと、その範囲は決して「いき」ほど限定されたものではない。もっと広い範囲におよんでいる。すなわち「いき」をも「上品」をも等しく要素として含んでいるのであり、「野暮」、「下品」などに対して、趣味の「繊細」または「優越」をあらわしている。

「いき」と coquet

次に coquet（あだっぽい、色気のある）という語がある。

この語は coq（雄鶏）からきていて、一羽の雄鶏が数羽の雌鶏に取り巻かれている状況でくりひろげられる光景に見られるような媚態的ありようを意味している。この語も、そのままドイツ語にも英語にも用いられている。ドイツでは十八世紀に

coquetterie（媚態、異性の気をひくふるまい）に対応するものとしてFängereiという語が創案されたが一般にまで通用するにいたらなかった。きわだって「フランス的」といわれるこの語はたしかに「いき」のひとつの要素たりうる。

だが、それでも、他の要素が合わさらないかぎり、これだけでは「いき」そのものの意味内容をあらわすまでにはいかない。それどころか、ほかの要素との合わさり加減によっては「下品」ともなり「甘く」にもなってしまう。カルメンがハバネラを歌いながらドン・ホセに媚びる態度はcoquetterieには違いないが、決して「いき」ではない。

「いき」とraffiné

さらにまたフランスにはraffiné（洗練された）という語がある。re-affinerすなわち「一層繊細にする」という語からきていて「洗練」を意味するこの語も英語やドイツ語に移し入れられており、「いき」の一面に対応している。

だが、やはり、「いき」の意味内容をそっくり伝えるかというと重要な要素を欠いている。また、ほかの要素と結合した場合には、「いき」の対立概念ともいえる「渋味」となってしまいかねない。

「いき」の existentia を求めよ

要するに、西欧の言語のうちには「いき」と類似した語を見つけることはできても、まったく同内容の語は見出すことができないのであり、したがって、「いき」とは東洋文化の、いや、大和民族に特有のありようを示す表現のひとつであると考えてよい。

むろん西洋文化のうちにも「いき」と類似したものがあるはずだとして、形式的、抽象的に共通する要素を見出すことは決して不可能ではないが、そうしたやりかたは、民族性と結びついた文化を理解するには適切な方法ではない。民族的、歴史的な産物である文化現象から、その具体的な細部特性を捨象《しゃしょう》してとらえようとするいわゆる「イデアチオン」(現象学を創始した哲学者フッサールの用語。ある現象を理解しようとする場合に、その現象のうちの末梢的、可変的な部分を取り去ることによって、不変的な本質を把握しようとする態度を言う）の方法をとっても、それは単に、その現象を含む、より一般的、集合的、抽象的な類（包括）概念に還元してしまうことにすぎない。文化を理解するための秘訣は、その現実における具体的なありようを損なうことなく、ありのままの生きた姿で把握することである。

ベルクソン（フッサールやハイデッガーとともに九鬼に大きな影響を与えたフランスの哲学者。抽象的、観念的論理を批判し、具体的な感覚や直感を重視した。ここに引用されているのは代表作のひとつ『意識の直接的状態についての考察』〈『時間と自由』〉のうちの有名な一節で、感覚体験の主観性、個人性を強調している）は、バラの匂いを嗅いで昔を思い出すという場合、バラの匂いが昔を連想させるのではない、バラの匂いのうちに昔の思い出を嗅ぎとるのだと言っている。一定不変のバラの匂いというようなもの、万人に共通な類概念的なものなどは現実には存在しない。それぞれ別々の内容の個々の匂いが存在するだけなのである。バラの匂いという一般普遍的なものがあり、それと思い出という個人的なものが結びつくことによって追憶体験が生まれるというような説明は、多くの言語に共通なアルファベットの文字をいくつか並べて、それで各言語それぞれに固有の音《おん》を出そうとするようなものだと言うのである。

「いき」を形式化、抽象化することによって、西洋文化にみられる類似した現象との共通点を見出そうとするのも、それと同様である。どのような方法を用いて「いき」という現象をとらえようかと考える時、私たちは、ほかでもない、universalia（普遍）の問題にぶつかっているのである。アンセルムス（中世イタリアの神学者。個々の存在を超える普遍というものが実在するか、しないかという普遍論争において、実在するという立場を説いた代表者）は、類概念というものが現実に存在するという立場に基づいて、父と子と精霊はひとつであるという正統的な三位一体《さんみいったい》説を擁護したが、これに対し、ロスケリヌス（中世フランスの神学者。普遍論争において、普遍は単なる名目であって実在しないという唯名論《ゆいめいろん》の立場を説いた）は、類概念とは名目にすぎないとする唯名論の立場から、父と子と精霊はそれぞれ独立した三体の神々であると主張して三神説と非難された。

私たちも、また、「いき」を理解しようとするにあたっては、このuniversaliaの問題を唯名論の立場から扱う異端派として立つことを覚悟しなければならない。すなわち、「いき」を、類似した諸概念のうちの一種にすぎないものとして扱い、「いき」自体の固有性を追求するよりは、それら諸概念を包括する類概念の抽象的普遍性を志向するという「本質直観」（イデアチオンと同義）の立場をとってはならない。

「いき」を体験として理解するということは、具体的、実際的、個別的な「存在会得（理解）」でなければならない。私たちは「いき」の essentia（本質）を求める前に、まず、「いき」の existentia（実存、具体的あらわれ）を求めるべきである。一言で言えば、「いき」の研究は「形相的」すなわち抽象的本質をめざすものであってはならない。「解釈的」すなわち具体的あらわれを重視するものであるべきはずなのだ。

意識現象としての「いき」から目に見える「いき」へ

では、民族的な体験とされる「いき」は、どのような構造をしているのだろうか。私たちはまず意識現象としてあらわれる「いき」のありようを了解した後、目に見える姿をとってあらわれる「いき」の理解に進まねばならない。

前者を無視したり、前者から後者へという考察の順序を逆転させたりすれば、「いき」の考察は失敗に終わるだろう。ところが、これまで「いき」を解明しようと試みながら、しばしば、この過ちをおかしている場合が多い。

まず、目に見える「いき」のありようを考察対象として選びとり、その範囲内で特徴を取り出そうとすることによっては「いき」の民族的特殊性をとらえることはできない。また、目に見える「いき」のありようを検討すれば、それで意識現象としての「いき」も理解できると考える結果、意識現象としての「いき」の説明が抽象的、理念的になりすぎて、その歴史的、民族的特性を帯びたありようを具体的にとらえ、解明することができないのである。

私たちは、これとは反対に、「いき」の意識現象を、その具体的ありかたに即して検討することから始めなければならない。

二 「いき」の内部構造

（原文は「内包的構造」。「内包」は、ある概念に含まれる内容、性質をいう論理学用語。ここでは「いき」を構成する諸特質について述べる）

解説 序説につづいて、いよいよ、ここから本論に入ることになりますが、この章では、まず、「いき」の根本をなす意識のありかたを論じます。九鬼は、この「いき」な意識を構成する三要素として、媚態、意気地、諦めをあげ、順にその意味を説いていきます。

その中で第一にあげられるのが媚態であり、「いき」の本質とは、つまるところ、媚態すなわち男女がたがいに相手をひきつけようとする駆け引きに発する美意識にほかならないと九鬼は意味づけます。

これは、「いき」というものが、そもそも吉原に代表される遊里の世界から生まれてきたという歴史的事情にも基づいているわけですが、そうした遊里の論理にとどまらず、媚態というものが実は人間関係全般、さらには後続の章で論じられるような立ち居振る舞い、建築意匠などの文化全般にまでおよぶ原則を凝縮したものである、と九鬼が考えるからです。

では、この原則とは何かというと、一口でいうなら、自と他がたがいに相手とかかわろうとしながら、決して束縛、固定されることを許さない、緊張した関係を維持することだといえます。それは不安定きわまりない関係ですが、その不安定のうちにこそ自由と可能性があるのであり、どこまでもこの自由と可能性を追求するのが「いき」の原則なのです。

第二、第三の要素としてあげられる意気地、諦めは、この原則を守るために心得なければならない態度にほかなりません。

意気地とは、恋心のままに動かされて、やすやすと相手の虜になってしまうことを自分にゆるさない誇りであり、その禁欲性と自負の念において武士道に通じるものだというのです。

一方、諦めは、やはり、恋心にひきずられて相手に執着し、醜態をさらすことがないよう、所詮この世ははかないものと見なす境地に立って、そうした未練、執着をきっぱり断ちきる心構えであり、仏教の諦観に通じるものとなります。

こうして、「いき」は媚態を基本とし、それを支え、意義づける意気地と諦めを加えた三要素によって構成されるのであり、日本の精神文化を背景として理解されるべきものなのだと九鬼は説きます。

以上が九鬼による「いき」の理念であるわけですが、それは、純愛、打算抜きの愛、永遠の愛というようなロマンティックな愛の理想とは対極的な、男女関係を駆け引き、競い合い、遊戯とみなす美学の理論化にほかなりません。

こうした美学を、九鬼は、日本の花柳界あるいはパリの社交界で実地に体験すると同時に、その理論的裏付けとして、一方では自由と可能性あるいは実存というような二十世紀的哲学理念、他方では武士道的矜持あるいは仏教的諦念というような伝統的日本思想を援用して体系化するのです。


意識現象としてあらわれる「いき」というものを理解するためには、第一にまず、「いき」の構成要素を分析することによって、その内部構造を明らかにしなければならない。ついで第二には、「いき」と類似した概念と「いき」との区別をおこなうことによって、その特性を確かめなければならない。

このように「いき」の内部構造と関連概念の両方を解明することによって、私たちは意識現象としての「いき」を完全に理解することができるのである。

媚態――異性との不安定な、緊張した関係

まず内部構造からいうと、「いき」を構成する第一の要素は異性に対する「媚態」である。

異性との関係が「いき」の根本要素となっていることは、「いきごと」といえば「いろごと」を意味することでもわかる。「いきな話」といえば、異性との関係に関する話を意味している。

さらにいうと、「いきな話」とか「いきな事」とかいう場合には、その異性との関係が尋常のものではない（世間常識を踏み外している）ことを暗に示している。たとえば、近松秋江《ちかまつしゅうこう》（大正から昭和初期にかけて活躍した私小説作家。女性とのもつれた愛欲関係、情念を微細に描いて「情痴作家」と評された）の『意気《いき》なこと』という短編小説は「女を囲う」ことを内容としている。そして、こうした異性との尋常でない関係は媚態を抜きにしては考えられない。つまり「いきな事」といえば、必ず、なんらかの意味で媚態を条件としているのである。とするなら、一体、この媚態とは

何なのか。

媚態とは、恋愛において、自分と異性との間に、どう転ぶかわからないような不安定な関係をもちこむことである。「いき」のうちにみられる「なまめかしさ」「つやっぽさ」「色気」などは、すべて、この自他の不安定な関係から生まれる緊張のあらわれにほかならない。いわゆる「上品」にはこうした自他の緊張した関係が欠落している。

この自他の不安定な関係こそは媚態の根本的要素であり、異性同士が完全に相思相愛の仲となって、不安定な緊張感がなくなってしまえば、媚態はおのずと消滅してしまうことになる。媚態は異性を征服することをめざすが、ひとたび、その目的が達せられてしまえば用済みとなってしまうしかないのである。

永井荷風《ながいかふう》が『歓楽』(中年に達した小説家がかつての恋愛経験をふりかえり、恋心が満たされた後の幻滅、悲哀を述懐する内容の小説)において「得ようとして、得た後の女ほど情無いものはない」といっているのは、恋愛途上の異性双方のうちで働いていた媚態が恋の成就とともに自然消滅してしまった結果生じる「倦怠、絶望、嫌悪」の情を意味しているに違いない。

それ故に、自他の緊張した関係を持続させること、すなわち、どうなるかわからないという不安定さを維持することが媚態の本領であり、恋の醍醐味なのである。

つかず、離れず

異性同士が完全に一致してしまえば媚態は消滅してしまうが、その寸前まで接近することは媚態を弱めることにはならず、むしろ逆に強めることになる。

菊池《きくち》寛《かん》の『不壊《ふえ》の白珠《しらたま》』（堅気な姉と浮気性の妹の恋と結婚をめぐる物語。引用箇所は、新婚まもない妹が夫の上司で姉の求婚者である金満家の重役を誘惑するようにふるまう場面）には、「媚態」という見出しをつけて次のような描写がされている。

片山氏は……玲子《れいこ》と間隔をあけるように、なるべく早足に歩こうとした。だが、玲子は、そのスラリと長い脚で……片山氏が、離れようとすればするほど寄り添って、すれすれに歩いた。

媚態のツボは、ぎりぎりまで相手に接近しながら、しかも、相手とひとつになってはならないというところにある。なりゆきがどうなるかわからないというのが媚態の特性であり、その未知の不安定さを保つことが重要なのである。

アキレスは「そのスラリと長い脚で」かぎりなく亀に接近してよいが、決してゼノンの逆説（古代ギリシャの哲学者ゼノンが唱えたとされる有名な逆説的論理——足の速いアキレスが歩みの遅い亀を追いかけると仮定した場合、アキレスが初めに亀がいた地点に着いた時には亀はもう先に行っており、そのくりかえしが続くかぎり、いつまでたっても、アキレスは亀に追いつくことができない——を指している）を忘れてはならない。すなわち、完全な媚態とは、異性同士の関係において、常に、その関係がどうなるかわからないという不安定さを絶対的な条件とするものなのである。

その場かぎりに終始する放浪者、絶えず裏切り続けることを喜びとする浮気者、いつまでも亀を追いかけてやまないアキレスといった種類の人間だけが本当の媚態というものを知っているのである。そして、このような媚態こそが「いき」の基本となる「色っぽさ」の決め手なのである。

「意気」——自分への誇り

「いき」の第二の要素は「意気」すなわち「意気地」である。心がまえとしての「いき」には、江戸っ子が理想とする気質が鮮やかにあらわれている。江戸っ子の気概が要となっている。野暮《やぼ》と化け物は箱根より東の江戸市中には住まないことを「生粋《きっすい》」の江戸っ子は誇りとした。「江戸の花」とうたわれた火事に命をも惜しまずに立ち向かう町火消しや鳶《とび》の者は寒中でも白足袋に法被《はっぴ》一枚という薄着で伊達《だて》男ぶりを大事にした。

「いき」には江戸前らしい張りきり、勇ましさがなければならない。「格好いい」、「威勢がいい」、「荒っぽい」などに共通する犯すべからざる気品、品格がなければならない。「野暮は垣根の外にでも捨てて、立ち並ぶ遊郭で張り合う色、意地、気張り」というように、「いき」は相手の気をひこうとする媚態でありながらも、なお異性に対し突き放してみせる強さをも兼ね備えた意識なのである。

紫の鉢巻きがトレードマークとなる助六《すけろく》（歌舞伎の人気狂言「助六由縁江戸桜《すけろくゆかりのえどざくら》」の主人公）は、

若い者、間近く寄ってこの俺様の面構《つらがま》えを拝み奉れ、やい。

といって喧嘩を売り、その恋人で「紅色《べにいろ》の薄花桜《うすはなざくら》のような肌《はだえ》」とうたわれた三浦屋の遊女揚巻《あげまき》も、彼女に言い寄る髭《ひげ》の意休《いきゅう》にむかって、

はばかりながら揚巻でござんす。暗闇で見ても助六さんとお前、取り違えてよいものか。

と思い切った気概を示した。「色と意気地を貫いて、気立てが粋《いき》で」とはこの事である。高尾《たかお》も小紫《こむらさき》もだ（いずれも伝説的な遊女）。

「いき」のうちには、武士道の理想が生き生きとあらわれているのだ。「武士は食わねど高楊枝《たかようじ》」の気位が転じて江戸っ子の「宵越《よいご》しの銭は持たぬ」という誇りとなり、また、下等な私娼や相手かまわず身を安売りする芸妓を卑しむ凛《りん》とした意気となったのである。

太夫《たゆう》など高位の遊女は金で買うものではない、意気地で買うものと心得ねばな

らない。

というのが遊郭の掟《おきて》だったのであり、

金銭は卑しいものだとして手も触れず、物の値段も知らず、泣き言を言わず、まことに公家《くげ》大名の息女のようだ。

と江戸の太夫は賛美された。

吉原の遊女は野暮な客に対しては金持ちであろうと「吉原の恥、吉原の名折れ」とはねつけたのであり、

あっさり身をまかすようでは名がすたる、どこの女郎が神かけて貞節を守る気構えがあるか。

と堅く約束を守り通したのである。媚態が異性の気を引くだけの技巧にとどまらず、こうした理想主義から生まれた「意気地」によって、高い精神性を帯びたものとな

っているというところが、「いき」の特色なのである。

「諦め」――執着を断つこと

「いき」の三番めの要素は、「諦め」である。

運命というものを心得て執着心を捨て、無関心に徹するありかたである。「いき」であるためには垢抜けていなければならない。あっさり、すっきり、スマートでなければならない。

こうした物にこだわらない境地はどこから生じるのだろうか。遊里という特殊な男女の出会いの場においては、恋が成就することは難しく、幻滅の苦しみを味わうことが多い。

せっかくめぐりあったというのに別れろとは、お坊様の姿をしていてもお前は鬼か、清心様。

（歌舞伎「十六夜清心《いざよいせいしん》」で遊女十六夜が恋仲の僧清心にむかっていう科白《せりふ》）

という嘆きは十六夜ひとりの嘆きではないだろう。このように魂を打ち込んだ恋が幾度も無惨に裏切られ、悩みぬいて鍛えられた心は、いつわられることの多い目標には目をむけなくなるのである。

異性への淳朴《じゅんぼく》な信頼を失って、さっぱりと諦めるに至る境地は、こうした辛い対価抜きには獲得されない。

願いがかなわないのがこの世のさだめ、よく諦めた無理なこと。

なのであり、その裏には、

どうにも男というものはつれなく、うつり気で、たちの悪い道楽者だ。

という煩悩の体験と、

糸より細い縁だもの、つい切れやすくほころびて、

という運命観が働いているのである。そして、そのうえで、

人の心はわからないもの、心変りは遊里で働く者の宿命だもの。
というように物事をあてにせず、
私たちのような身の上では愛する人もできないし、愛してくれるお客もでてこないものなのね。
と世をはかなむ思いにいたるのである。若い芸者よりはむしろ年増の芸者に「いき」が見られることが多いのは、おそらくこの理由によるものだろう。(原注1)
「いき」はもともと、
沈んだまま浮かびあがることもできない、流されるままのはかない身の上。
という「苦界《くがい》」(遊女のつらい境遇)から生まれたのであり、そうした試練をのりこえることによって、すっきりと垢抜けした心、未練を断ち切った、スマートな心に達することが求められるのである。

野暮はもまれて粋になる。

というのはこのことにほかならない。

あだっぽい、かろやかな微笑の裏に隠された真剣な、熱い涙のほのかな痕跡を認めることができて初めて「いき」の真実を理解することができたといえるのである。

こうした「諦め」の心境は爛熟頽廃《らんじゅくたいはい》の産物であるかもしれない。また、そこにふくまれた体験や辛辣《しんらつ》な物の見方は個人的に獲得されたものであるというより（苦界という制度によって）社会的に継承されてきたものであるかもしれないが、ともかくも「いき」のうちには運命に対する「諦め」と、その「諦め」に基づく淡々とした境地とが含まれていることは否定できない事実である。

そして、また、流転、無常を差別相のあらわれとし、空無、涅槃《ねはん》を平等相の原理とする（現世においてはさまざまな差や違いがあるように見えても――差別相――、仏から見れば、すべては平等無差別である――平等相――という）仏教の世界観、悪いめぐりあわせについては諦めることを説き、運命を静かに受け入れることを教える宗教的人生観が背景となることによって「いき」のうちのこの要素が強められ、精神的なものに純化されていることも疑いない。

媚態、意気地、諦めの三位一体

以上をまとめれば、「いき」の構造は「媚態」と「意気地」と「諦め」の三要素から成り立っているのである。

そのうち、第一の「媚態」が基調をなし、第二の「意気地」と第三の「諦め」が民族的、歴史的性格をあらわしている。この第二と第三の要素は、一見したところ、第一の要素である「媚態」と相容《あいい》れないように思われるかもしれないが、そうだろうか。

さきに述べたように、「媚態」の本質は、自分と相手の間柄がどうなるかわからないという不安定性にあるが、第二の要素である「意気地」は、相手の言いなりにならず、自己の独立を誇り高く堅持しようとする理想主義に支えられることによって、こうした「媚態」の不安定性に一層の緊張と持久力をもたらすのである。すなわち「意気地」は媚態を強化し、その光沢に磨きをかけ、より鋭角的なものとする。媚態のめざす不安定性を「意気地」で支えるということは、つまるところ、他人に縛られることのない個人の自由というものを高く擁護することにほかならないのだ。

　第三の要素である「諦め」も、また、決して媚態と相容れないものではない。媚態は、その目的である恋愛がぎりぎりのところで成就しないところに真骨頂があるのであり、そうであるなら、「諦め」こそは、媚態と相容れないどころか、逆に、媚態の本質を示しているといえるのである。

　媚態と「諦め」が結びつくということは、自由への忠誠を自分に言い聞かせ、自分と相手の間柄が、どこまでも不安定なものにとどまるしかないとして受け入れさせることを意味するのである。すなわち、そこには恋愛の成就を拒むことによって自由を守ろうとする姿勢がみられるのだ。

　要するに、媚態は、武士道の理想主義に基づく「意気地」と、仏教の現世否定を背景とする「諦め」に裏打ちされることによって「いき」として完成されるのである。逆にいうなら「いき」とは媚態の「粋《すい》」(原注2)すなわち媚態をさらに純化、凝縮したエッセンス、精髄なのである。

恋にとらわれるのではなく、恋と戯れよ

「いき」とは、いい加減な現実に妥協することなく、ぬるま湯的な日常にきっぱりと距離を置いて、超然孤高の境地を守りながら、目的や執着にとらわれることのない無償の遊びを楽しむことなのだ。

一口でいえば、媚態のための媚態——恋の成就をめざすのではなく、ただ、永遠に成就することのない、恋のかけひきを生き抜いていくことなのである。あまりに一途に恋に打ち込み、執着することは、恋が実るか実らないか、わからないという不安定さに耐えられず、相手との確定された関係を求めてしまうことになるという点で「いき」から外れることになってしまう。

「いき」は、恋に縛られることのない自由な浮気心でなければならない。

月の光がちらちら漏れる——恋の可能性が垣間見える——ような不安定な状態よりはいっそ——一切の可能性が断たれた——暗闇の方がよい。

というのは、恋に迷って闇に落ち込んでしまった心のありようを言っている。恋にとらわれた者には、「月明かりの方がよい」というような粋な言い草は腹立たしいばかりなのだが、そのように恋の成就ばかりに執着する結果は、

粋な浮世を恋ゆえに野暮に暮らすことになってしまう。

ということになってしまうのだ。「粋といわれた浮気者同士」が、

つい岡惚《おかぼれ》（横恋慕）にはまって、

いつしかあっさりとしたスマートな心を失っていき、

またいとしさが弥《いや》増して、恋の深みにはまるとは野暮らしい。

とこぼすことになる。

蓮の葉のようにうわついた——蓮《はす》っ葉《ぱ》な——ちょっとした恋心

という程度の時には、まだ「いき」の域にとどまっているが、

野暮な事だけれど比翼紋《ひよくもん》（自分の紋と恋人の紋を組み合わせた紋。深い愛の証し）をつけるほどの離れぬ仲。

となった時には、もう「いき」の境地から遠く離れてしまっている。そして、意気なお方につり合わない野暮な屋敷者《やしきもの》（侍屋敷住まいの堅物《かたぶつ》）。

と皮肉たっぷりにあざ笑われるのを忍ばねばならない。

およそ「燃えたつ恋の思いは瓦焼く竈《かまど》にまさる」というようなのぼせあがりは「粋な小梅の名にも似ない」のである。スタンダールの言う amour-passion（フランスの作家スタンダールの有名な恋愛論で論じられた恋愛パターンのひとつで、ひたすら恋の思いを遂げることに邁進する激情的な恋愛）の陶酔はまさしく「いき」に背くものである。

「いき」であろうとする者は、amour-goût（同じくスタンダールが論じた恋愛パターンで、スマートで洗練された趣味的な恋愛）の境地——淡々と蕨《わらび》摘みを楽しむような解脱《げだつ》の境地に達していなければならない。とは言っても、「いき」は、ロココ様式（十八世紀フランスの芸術様式。貴族的な洗練された、穏やかな上品さを特徴とする）

に見られるような「影に至るまですべてが薔薇色の絵」ではない。むしろ「いき」の色彩というなら、おそらく、

遠い昔の伊達姿、白茶苧袴《しらちゃおばかま》（淡い黄褐色の麻地の袴）。

と唄われた白茶色であろう。

垢抜けて、張りのある、色っぽさ

要するに、「いき」とは、わが国の文化を特色づけている道徳的理想主義と、宗教的脱俗性という形相因（抽象的本質）を根本として、その質料因（具体的あらわれ）である媚態が、最大限に発揮されたものであるということができる。そうであればこそ「いき」は無上の権威をおび、限りなく人々を魅惑するのである。

粋な心についたらしこまれて、嘘と知ってもまに受けて、

という言葉は、そうした機微――「いき」の働きを簡潔に語っている。ケレルマン

がその著書『日本における散歩』において、日本のある女性について、

ヨーロッパの女性には真似のできないような愛嬌をたたえた媚《こび》を呈した。

と言っているのも、おそらくは、こうした「いき」の魅惑を感じたのだろう。
最終的に、この豊かな特性に彩られた意識現象としての「いき」、理想性と脱俗性に基づいて発揮される媚態としての「いき」を定義するなら、垢抜けて（諦め）、張りのある（意気地）、色っぽさ（媚態）ということができないだろうか。

〔原注〕

（1）若い芸者よりは……『春色辰巳園《しゅんしょくたつみのその》』（江戸後期の戯作者で、男女の色恋をメロドラマ的に描く人情本の大家として名高い為永春水《ためながしゅんすい》の代表作のひとつ）巻の七に、

さぞ意気な年増になるだろうと思うと、今から楽しみだわ。

という言葉がある。また『春色梅暦《しゅんしょくうめごよみ》』（同じく春水の代表作）巻の二に「素顔の意気な中年増」ということもある。また同書巻の一に、

意気な美しいおかみさんが居ると言いましたから、それぢゃ違ったかと思って、なおくわしく聞いてみると、おまえさんよりおかみさんの方が年うえのようだといいますし云々。

の言葉があるが、すなわち、ここでは「いき」と形容されている女は、男よりも年上である。一般的に「いき」には物がわかっているということも入っているので、「年の功」が前提となるのである。「いき」な人は「垢の抜けたる苦労人」でなければならない。

(2)「いき」とは媚態の「粋《すい》」……ここでは、「いき」と「粋《すい》」を同一の意味内容をもつものと考えてもかまわないと思われる。式亭三馬《しきていさんば》の『浮世風呂《うきよぶろ》』(式亭三馬は江戸庶民の日常の暮らしぶりを滑稽に描いた滑稽本の代表的作者。『浮世風呂』は銭湯に出入りする人々の様子を描いている)第二篇巻の上で、染色に関して、江戸の女と上方の女の間で、次のような問答がかわされる。

江戸女「薄紫というようなあんばい(加減)で意気だねえ」
上方女「いっこう(本当に)粋じゃ。こちゃ(私)江戸紫なら大好き、大好き」

とあるが、すなわち、「いき」と「粋《すい》」とは、この場合、まったく同じ意味である。この染色の問答に続いて、三馬はふたりの女に江戸語と上方語の巧みな使い分けをさせている。さらには「すっぽん」と「まる」（いずれもスッポンの江戸呼び名と上方呼び名）、「から」と「さかい」（同じく「だから」の東西の言い方）などのような江戸語と上方語の相違について口論をさせている。「いき」と「粋《すい》」の相違は、同一内容に対する江戸語と上方語との相違であるらしい。したがって、両語の発達を時代的に規定することができるかもしれない。もっとも単に土地や時代の相違ばかりでなく、意識のありかたには多く「粋《すい》」の語を用い、外面的な様子には主として「いき」の語を使うように考えられる場合もある。たとえば『春色梅暦』巻の七に出てくる流行歌《はやりうた》に、

気だてが粋で、なりふりまでも意気で、

とある。しかしまた、同書巻の九に「意気と情の源」とあるように、意識のありかたに「いき」の語を用いる場合も多いし、『春色辰巳園』巻の三に「姿も粋な米八《よねはち》」というているように外面的な様子に「粋」の語を使う場合も少なくない。要するに、「いき」と「粋」とは意味内容を同じくするといってもかまわないだろう。また、た

とえ、一方は特に意識のありかたに、他方はもっぱら外面的な様子に用いられると仮定しても、外面的な様子とは、意識のありかたが外にあらわれたものにほかならず、したがって両者は結局、根本的には同一意味内容をもっていることになる。

三「いき」の関連概念

（原文は「外延的構造」。「外延」は、「内包」と対をなす論理学用語で、ある概念があてはまる具体的事例をいう。ここでは、「いき」と同類の諸概念との関連を述べる）

解説　前章では「いき」を構成する諸要素を分類、分析したのにつづき、この章では、「いき」の周辺に存在する種々の語をとりあげて、それらとの対比によって「いき」の特徴、位置を明らかにしようとします。

しかしながら、ただ漫然と感覚的に対比するというのではなく、九鬼は、人間性一般にかかわるものか、それとも異性とのかかわりにおいてのみ適用されるものか、また、それ自体の価値をいうものか、それとも他人に対するありかたをいうものかというふたつの区分基準を導入し、それによっておのおのの概念を分類したうえで、それぞれと「いき」との関係を述べていきます。

そして、それらを綜合して、これら諸概念と「いき」とが集合して構成される全体の構造、その全体構造における各々の概念の位置関係を有名な直方体図形にまとめ、一目瞭然たらしめるように工夫するのです。

九鬼が「いき」という漠然とした感覚的な概念を扱いながらも、カントやヘーゲルなどが構築した観念の体系にならうような整然たる「構造」にまで理論化をはかろうとした哲学者としての意気込みが結晶した記念碑的な直方体といえます。

「いき」に関連する諸概念とその体系

前章では、「いき」に含まれる諸要素を分類、分析することによって「いき」の意味を明らかにしようとしたが、ここでは、「いき」と「いき」に関連する他の諸概念とを対比、区別することによって、「いき」の位置づけをはからねばならない。「いき」に関連する主な概念としては「上品」、「派手」、「渋味」などがある。これらは、その適用範囲から言うと、ふたつのグループに分かれる。「上品」や「派手」が適用される範囲は、「いき」や「渋味」が適用される範囲とは別種である。「上品」や「派手」は、人間性一般について適用されるのに対し、「いき」や「渋味」は、もっぱら異性とのかかわりという特殊な範囲に適用されると言うことができるだろう。

これらの概念は、大体において、その反対概念と対になっている。「上品」は「下品」と、「派手」は「地味」と、「いき」は「野暮」と、という具合である。ただ、「渋味」だけには明らかな反対概念が見当たらない。ふつうは「渋味」と「派手」を反対概念とするが、「派手」は「地味」と対になっている。「渋味」という言葉はおそらく柿の味からきているのであろうが、柿には「渋味」のほかに「甘味」もある。渋柿の反対は甘柿である。それ故に、「渋味」の反対概念としては「甘味」をあててもさしつかえないと思う。渋茶、甘茶、渋糟、甘糟、渋皮、甘皮などの反対語の例をみても、この対関係が裏書きされる。では、これらの対立概念はどういう性質のものなのか。また、「いき」とどのような関係にあるのか。

上品―下品

（一）上品―下品とは、その物自体の価値を区別する判断である。文字通り、上品とは品質がすぐれたものであり、下品とは品質が劣ったものをいう。ただし、品《ひん》の意味は様々である。上品、下品とはまず物品についての区別であると言えるが、さらに人間性にも適用される。

「上品無寒門《じょうぼんむかんのもん》、下品無勢族《げぼんむせいのぞく》」（上流階級に貧しい家はなく、下層階級に勢力のある家はない――六朝《りくちょう》時代の中国で、上流階級と下層階級の間に決定的な階級格差があったことを述べた言葉）という時には、上品、下品は、人間性、特に社会階級にかかわる概念とみなされている。

喜多川歌麿《きたがわうたまろ》の『風俗三段娘《ふうぞくさんだんむすめ》』は、上品の部、中品《ちゅうぼん》の部、下品の部の三段に分かれていて、当時の女性風俗を上流、中流、下流に三分して描いている。

なお、仏教用語では、品を「ぼん」と呉音で読んで、極楽浄土における階級をあらわす場合もあるが（浄土教においては極楽浄土に往生する者の位を上品、中品、下品の三つに大きく分け、さらに、それぞれを上性、中性、下性の三つに分けて都合九品《くほん》の位階を説いた）、これも広い意味で人間性を示すものとみなしてかまわない。

このように上品、下品の対立は人間性の区別から発して、さらに人の趣味のありようを言うようになり、上品とは高雅なこと、下品とは下卑《げび》たことを意味するようになる。

では「いき」とこれらの概念とはどういう関係にあるのだろうか。

上品は人間性一般について適用されるものであるということから、異性とのかかわりという特殊な範囲に限定される媚態とは一致しないといえる。

『春色梅暦』で登場人物のひとり藤兵衛《とうべえ》の母親について「さも上品なるそのいでたち」という形容がなされているが、この母親はすでに後家《ごけ》になっているばかりか「歳のころ、五十《いそじ》歳あまりの尼御前《ごぜ》」であり、藤兵衛の情婦であるお由《よし》の示す媚態とは好対照である。ところが、その一方、「いき」は「意気地」と「諦め」を要素として、洗練された趣味を示すものであるとも考えられ、この点では上品と共通するといえる。つまり、「いき」と上品の関係は、すぐれた趣味によって価値があるという共通点を有しながら、媚態があるか、ないかという点で異なるのである。

これに対し、下品は、本来は上品と同様、媚態とは別種の概念でありながら、異性とのかかわりにおいて媚態と共通するようなところもある。したがって「いき」

と下品の関係では、共通点としては媚態性があること、相違点としては趣味の優劣をあげることができる。

「いき」はすぐれた趣味性によって価値があり、下品は劣った趣味性によって価値が低い。その結果、しばしば、両者に共通する媚態性はこの趣味性の優劣に応じて異なったあらわれ方をする。たとえば「意気にして賤《いや》しからず」とか「意気で人柄がよくて、下卑た事といったら是計《これっぱかり》もない」などという言い方に、こうした「いき」と下品の関係が示されている。

「いき」が、一方では上品と、他方では下品と、以上に述べたような関係にあることを考えれば、なぜ「いき」が、しばしば、上品と下品の中間に位置するとみなされてきたのか、その理由もわかってくる。

一般的な見方として、上品に媚態の要素をほどよく加えると「いき」となるが、その加えかたが程度を越えて過剰にまでなると下品になるということがある。上品と「いき」とはともに価値があるという点では共通しながら、この媚態の要素があるか、ないかという点で区別されるが、「いき」と下品は、この媚態の要素を共有しながらも、価値があるか、ないかという点で区別されるのであり、それ故に、「いき」は上品と下品の中間に位置するとみなされるのである。だが、これら三者の関係をこのように直列的にとらえることは二次的なことであり、これら三者の本質にかかわることではない。

派手―地味

(二) 派手―地味とは、他人に対するありかたの区別である。他人に対する自己主張の強さ、あるいは有無の差である。派手とは葉が外へ出るということであり、「葉出」の意味であるのに対し、地味とは根が地を味わうということであり、「地の味」の意味である。つまり、派手が自分から出て他人に向かっていくありかたであるのに対し、地味は自分のうちに沈潜するありかたにほかならない。自分から出て他人に向かっていくものは華美を好み、花やかに飾るが、自分のうちに沈潜するものは飾りを示す相手がいないから飾らないのである。

豊太閤《ほうたいこう》(豊臣秀吉《とよとみひでよし》)は、自分を朝鮮にまで主張するような派手な心性にしたがって桃山《ももやま》時代の豪華《ごうか》絢爛《けんらん》たる文化を生み出したのに対し、(徳川《とくがわ》)家康《いえやす》は「上を見るな」「身の程を知れ」という「五字七字」の家訓を秘伝とまでして、家臣の華美な服装を戒め、大名行列なども簡素にした。そこに趣味の相違があらわれている。つまり、派手と地味の対立は、それら自体としては、どちらが価値がある、ないというような価値判断を含まない、価値とは無関係のものであり、ただ外に対して積極的か消極的かという差なのである。

「いき」との関係をいえば、派手は「いき」と同様、他人に対して積極的に媚態を示すものであることは「派手な浮名が嬉しくて」の言葉でもわかる。

　うらはづかしき派手姿も、みなこれ男を思うから、

という時にも、派手と媚態とが結びつきうることが示されている。しかし、派手の特色であるきらびやかなひけらかしは、「いき」の要素である「諦《あきら》め」と相容《あいい》れない。

江戸《えど》褄《づま》の下から加茂《かも》川染《がわぞめ》の襦袢《じゆばん》を見せる（江戸褄は褄から裾《すそ》にかけて模様を配したもので、江戸大奥の女中から始まったとされる。加茂川染は京都の鴨川あたりでおこなわれた染色技法）娘の様子をからかった。

派手娘江戸の下より京を見せ

という川柳《せんりゅう》があるが、こうした調和も統一も考えないで、ただ華美濃艶《かびのうえん》をひけらかすばかりの「派手娘」のあさはかさと、

つやなし（艶《つや》を抑えた）結城《ゆうき》の五ほんて縞《じま》、花色（縹色《はなだいろ》、薄い藍色）裏のふきさえも、たんとはださぬ。

（結城は茨城《いばらき》名産の織物で縞柄《しまがら》が特色。五ほんて〈御本手〉縞は赤糸入りの縦縞。ふきは裏地をわずかに表へ折り返して見せる仕立て方で、ここでは、それをあえて控えめにした様を言っている）

粋人の心持ちとは著しい隔たりがある。そのため、派手なものは、厳しい吟味にさらされると、しばしば趣味の下劣さが暴露されて下品の烙印を押される場合もでてくる。

一方、地味は本来、他人に対して消極的な立場にあるので「いき」の要素である媚態とは相容れないが、その代わり、素朴な地味は一種の「さび」を示すことで「いき」のうちの「諦め」の要素に通じうる。地味なものが吟味されるとしばしば上品であると評価されるのは、こうしたさびた心の奥ゆかしさによるのである。

意気―野暮

（三）意気―野暮は、異性とのかかわりという特殊な範囲における、それ自体の価値の区別である。本来、異性とのかかわりという特殊な範囲における概念である以上、当然、「いき」には異性に対する態度が表明されることになる。

だが、「いき」が野暮と一対で示しているのは、相手に対する態度の強弱や有無ではなく、それ自体の価値の区別なのである。すなわち「いき」と野暮の対立では、ある特殊な洗練のありかたの有無が問題なのである。「いき」とは文字通りの「意気」である。「気象（気性）」である。そして「気象の精髄（エッセンス）」であるとともに、「世態人情に通暁《つうぎよう》する（通じる）こと」「異性との特殊なかかわりの世界（遊里《ゆうり》）のことに明るいこと」「垢抜《あかぬ》けしていること」を意味している。

一方、野暮は「野夫《やぶ》」から音が転じたものであるという。すなわち通人、粋人に対して、世情に通じない、人情を解しない粗野な田舎者の意味であり、ひいては、「田舎くさいこと」「垢抜けてないこと」を意味するようになってきた。『春告鳥《はるつげどり》』

に、

生質《せいとく》（生来）野夫《やぼ》にて世間の事をすこしも知らず、青楼妓院《せいろうぎいん》（遊郭）は夢にも見た事なし。されば通君子《つうくんし》の誹《そし》り（通人からあざけられること）少なからず。

という言葉がある。

また『英対暖語《えいたいだんご》』（やはり為永春水の人情本）には、

唄女《はおり》（深川芸者）とかいう意気なのでないと、お気に入らないと聞いて居ました。どうせ私のような、おやしきの（屋敷勤めの堅苦しい）野暮な風で、お気には、入りませんのサ。

という言葉がある。

いうまでもなく「私は野暮です」という場合には、しばしば野暮であることに対する自負の念を裏返しの言い方で述べていることがある。異性への洗練された対処の仕方などとは無縁だということへの誇りが主張されているのである。それはそれで自負するに足るだけのことはある。「いき」を好むか、野暮を選ぶかは趣味の違いである。どちらがより高い価値があるといえるか、絶対的な判断をくだすことはできない。

だが、文化的な意味内容をもつ一対の概念で、一方が肯定的に言われ、他方が否定的に言われる場合には、どちらがもともとの概念であり、どちらがあとから派生した概念であるかということから判断することができるし、また、それらの概念が流通する範囲に応じてどちらがより高い価値があるといえるか、相対的な価値づけをおこなうことができる。

たとえば、合理、不合理というのは、理性を基準とする範囲において成立した語であり、信仰、無信仰は宗教という範囲において成立する。そして、これらの語は、こうした成立範囲内においては明らかに価値づけられている。

では、意気とか粋という場合はどうかというと、これらはいずれも肯定的なニュアンスでいわれている。それに対し、野暮は、否定的なニュアンスでいわれる不意《ぶい》気《き》、不粋《ぶすい》と同義語である。このことから、「いき」と野暮では、「いき」がもともとの語で、その反対概念として野暮が生まれたと判断することができるし、異性とのかかわりという範囲においては、「いき」に価値があり、野暮は価値がないと判断されるといえるのである。自分になじみのある「町風《まちふう》（遊里に通じた）玄人《くろうと》から見れば素人《しろうと》は不粋である。自分になじみのない「屋敷風《やしきふう》（武家風）」（町人風）」は「いき」として許されるが、自分になじみのない「屋敷風（武家風）」は不意気である。うぶな（純情な）恋も野暮である。不器量な女の厚化粧も野暮である。

不粋な小娘《こむすめ》じゃあるまいし、色里の作法《さほう》を知らない野暮でもあるまいし。という場合にも、遊里という男女関係の世界における価値判断の結果として、不粋と野暮がおとしめられているのである。

渋味―甘味

（四）渋味《しぶみ》―甘味《あまみ》は他人に対して積極的であるか、消極的であるかの区別である。渋味は相手に対して消極的な態度を示している。柿が渋いのはカラスに対して自分を守ろうとしているのであり、栗の渋皮《しぶかわ》も昆虫類に対する防御の態勢にほかならない。人間も同様に渋紙で物を包んで水の浸入に備えたり、渋い顔をして相手との交渉を避けたりする。

一方、甘味はその反対に相手に対して積極的な態度をあらわしている。甘える者と甘えられる者との間には常に相手に対する積極的な接近姿勢がみられる。また、人に取り入ろうとする者は甘言を口にし、下心ある者は進んで甘茶を飲ませようとする。

他人に対するありかたの区別である渋味と甘味は、それだけではどちらが価値があるともいえない。なんらかの価値づけがおこなわれるとすれば、それは状況によるのである。

渋皮にまぁだいそれた江戸の水

(渋皮は田舎者の垢抜けない様子を指し、江戸の水は都の洗練を指す。田舎者が都の洗練を真似しようなどとはだいそれたことだとあざける川柳)

という場合の渋皮は否定的な価値づけだが、これに対し、しぶうるか(鮎《あゆ》のはらたで作った塩辛)という場合、うるかの味わいはその渋味にあるのだから、渋さは肯定的な価値づけをされる。

甘味についても、たとえば、茶の種類のうちで玉露には甘い優美な趣味があるとか、（国がうまくおさめられれば）天が甘露《かんろ》を降らすとか、または快く承諾することを甘諾《かんだく》といったりする時には、甘味は価値があると意味づけられるが、「あまっちょ」「甘ったるい物の言い方」「甘い文学」などという場合には、明らかに甘味が否定的な意味づけをされている。

さて、渋味と甘味というものを対人関係における消極的または積極的なありかたとして考える場合には、つまるところ異性との関係のありかたということになる。この場合の基本となるのは甘味である――「甘えてすねて」とか「甘えるすがた（姿）色ふかし（色っぽい）」などという言いまわしにみられるように。そして、渋味は甘味の否定である。永井荷風は小説『歓楽』の中で「其の土地では一口に姐《ねえ》さんで通るかと思う年頃の渋いつくりの女」に出会って、その女が十年前に自分と死のうと約束した小菊《こぎく》という芸者であったことを述べているが、この場合、その女が昔もっていた甘味は否定されて渋味になっているのである。

渋味はしばしば派手の反対概念として扱われるが、それは渋味の理解を妨げることになる。派手の反対概念としては地味があるので、渋味と地味が、いずれも派手に対立するものとして混同される結果になるのである。渋味と地味はどちらも消極的な対人態度を示す点では共通するが、重要な相違点は、地味が人間性一般についての概念であって甘味とは初めから無関係に成立しているのに反し、渋味は異性との関係において甘味を否定することから生じたという点である。したがって、渋味には地味にはないような過去と現在を重ねあわせた奥行きがあるのである。

どういうことかというと、渋味は甘味の否定には違いないが、その否定とは、かつての甘味を単に忘れ去るのではなく、思いかえすことができるのであり、その結果、逆説的なようだが、渋味には独特の艶《つや》が生まれてくるのだ。

では、渋味と甘味は「いき」とはどのような関係にあるのか。これら三者はいずれも異性との関係にかかわるありかたである。そして、甘味を基本として、相手に対し消極的な方向に進むと「いき」を経て渋味に達することに気がつく。この意味で甘味と「いき」と渋味は直線的関係にあるのであり、「いき」は甘味の肯定と否定の中間に位置している（原注）。

ひとり合点の「甘い」夢が破れて、相手との関係を辛辣に見据える批評的「いき」が目覚めるなりゆきについては、「いき」の内部構造のところで述べた。

また、「いき」が「媚態のための媚態」もしくは「目的や執着にとらわれることのない無償の遊び」であるのは、「(恋愛の成就を)否定することによって(自由を)肯定する」からであるのだということも言ったが、これらは、すなわち、甘味から「いき」への移行について語ったのである。

そして、この(恋愛の成就の)否定がさらに進んで極限に近づくと、「いき」は渋味に転じるのである。荷風の「渋いつくりの女」は、甘味から「いき」を経て渋味に達したに違いない。ある種の歌沢《うたざわ》(江戸末期に流行した端唄の一派)に味わわれる渋味というのも、つまるところ、清元《きよもと》(同じく粋で軽妙を身上とした歌謡)などにみられる「いき」が姿を変えたものであろう。辞書の『言海《げんかい》』では「しぶし」の語について「くすみていきなり」と説明しているが、やはり渋味が「いき」の姿を変えたものであることを認めているのである。

そしてまた、この直線的関係において、「いき」が甘味へ逆戻りする場合も考えられる。すなわち「いき」に含まれる「意気地」や「諦め」が消滅して、砂糖のような甘ったるい甘味だけが「甘口」な人間の特徴として残るのである。美人画における鳥居《とりい》清長《きよなが》や喜多川歌麿から歌川国貞《うたがわくにさだ》への堕落は、その例である。

「いき」と関連諸概念の体系――美意識の六面体

以上で、ほぼ「いき」の意味をほかの類似した意味の主だったものから区別することができたと思う。また、これらの類似した意味との比較によって、意味体験としての「いき」というものが、単なる客観的概念としてばかりでなく、美意識として価値判断の主体であり、また対象でもありうることが推測されたと思う。

その結果として、「いき」を、ほかの諸要素との相対的な関係によって構成される美意識の体系のうちに位置づけて、理解することができるのである。その関係を図式化すれば次のようになる（美意識は場合場合に応じてなんらかの主観的価値判断をともなっているが、その判断が客観的に明瞭に主張される場合と、主観のうちにとどまって曖昧にしかあらわれない場合がある。その前者を「価値的」といい、後者を「非価値的」と、ここではいう）。

人間性一般に基づくもの
　それ自体の価値（価値的）　上　品――下　品（価値あり）（価値なし）
　他人に対するありかた（非価値的）　派　手――地　味（積極的）（消極的）
異性とのかかわりに基づくもの
　それ自体の価値（価値的）　意　気――野　暮（価値あり）（価値なし）
　他人に対するありかた（非価値的）　甘　味――渋　味（積極的）（消極的）

この関係は、次頁の図のように、六面直方体の形であらわすことができる。この図において正方形をなす上下の両面は、ここでとりあげる美意識のありかたの基盤となる領域をあらわす。下の面は人間性一般にかかわる領域、上の面は異性とのかかわりに限定された領域である。

まず、八つの美意識を八つの頂点に置く。上下それぞれの面において対角線で結ばれた美意識同士は、対立する一対となる。無論、何と何を対と考えるかは絶対的

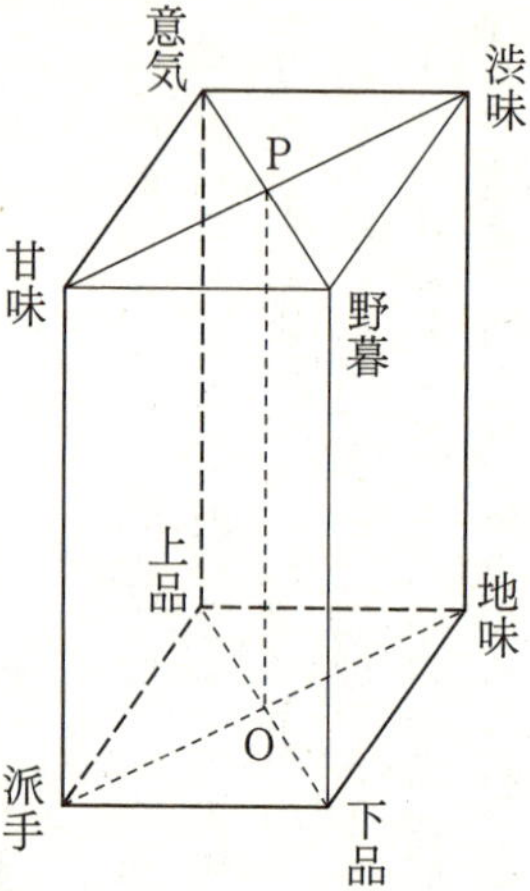

に決定されているわけではない。

　上下それぞれの面で正方形の各辺によって結ばれた頂点（たとえば意気と渋味）、側面の長方形で対角線によって結ばれた頂点（たとえば意気と派手）、側面の垂線によって結ばれた頂点（たとえば意気と上品）、直方体の対角線によって結ばれた頂点（たとえば意気と下品）は、いずれも、それぞれなんらかの対立を示している。すなわち、すべての頂点はたがいに対立関係にあるといえるのである。

　そのうち、上下それぞれの面で、正方形の対角線で結ばれた頂点同士は、最も対立性が著しいが、その対立原理として、それぞれの領域におけるそれ自体の価値か他人に対するありかたかという区分をもうけた。それ自体の価値というレベルにおける対立は、価値判断に基づくもので、価値があるか、ないかという対照が示される。

　他人に対するありかたというレベルにおける対立は、価値とは無関係で、積極的か、消極的かという点で分かれる。それ自体の価値というレベルにおける価値的対立と他人に対するありかたというレベルにおける非価値的対立は、上下それぞれの正方形面の二対の対角線が直方体を垂直に切ることによって生じる、ふたつの垂直交差する長方形によって、それぞれあらわされる。

すなわち、上品、意気、野暮、下品を頂点とする長方形は、それ自体の価値というレベルにおける対立を示し、派手、甘味、渋味、地味を頂点とする長方形は他人に対するありかたというレベルにおける対立をあらわす。

そこで、下の面の正方形のふたつの対角線の交点をOとし、上の面の正方形のふたつの対角線の交点をPとして、この二点を結ぶ垂線OPを引いてみるなら、これは、それ自体の価値というレベルの長方形と他人に対するありかたというレベルの長方形が交差する直線となるわけであり、つまりは、この美意識の体系における究極的な綜合を意味することになる。これが八方に分かれて個々の美意識があらわれてくるのである。

さて、この垂線OPは、それ自体の価値というレベルの長方形と他人に対するありかたというレベルの長方形それぞれを垂直に二等分しているわけだが、その結果としてできるO、P、意気、上品の長方形は価値ある集合をあらわし、O、P、野暮、下品の長方形は価値のない集合をあらわす。また、O、P、甘味、派手の長方形は積極性、O、P、渋味、地味の長方形は消極性をあらわしている。

さび、雅、味、乙、きざ、いろっぽさ、chic、raffiné

なお、この直方体には、ほかの同系統のさまざまな美意識も組み込むことができると考えてもかまわないだろう。いくつか例をあげよう。

「さび」とは、O、上品、地味の作る三角形と、P、意気、渋味の作る三角形とを両端面とする三角柱にあたる。日本民族の美意識上の特色は、この三角柱がこのバランスをしっかりと保って存在していることである。

「雅」は、上品と地味と渋味の作る三角形を底面とし、Oを頂点とする四面体のうちに見出されるべきものである。

「味」とは、甘味と意気と渋味の作る三角形を指す。この直角三角形の直角をはさむ二辺上を甘味から意気を経て渋味に至る推移をたどることによって、これら三者が異性とのかかわりという領域において直線的関係にあることが認められるのである。

「乙」とは、この同じ三角形を底面とし下品を頂点とする四面体のうちに位置するものだといえるだろう。

「きざ」は、派手と下品を結ぶ直線上に位置する。

「いろっぽさ」すなわち coquet は、上面の正方形内に成立するものだが、底面にまで射影が伸びることがある。上面の正方形においては、甘味と意気を結ぶ直線に平行してPを通る直線が正方形の二辺と交わる二点がある。このふたつの交点と甘味と意気が作る長方形全体がいろっぽさである。底面にまで射影が伸びる場合には、派手と下品を結ぶ直線に平行してOを通る直線が正方形の二辺と交わる二つの交点と派手と下品が作る長方形がいろっぽさをあらわしている。上品と意気と下品が直線的関係にあるというのは、いろっぽさの射影が底面上にまで伸びたとしたうえで、上品と意気と下品の三点を結んで三角形を作り、上品から意気を経て下品に至る推移をたどることによって認められるはずである。影はしばしば実物よりも暗いものである。

chic とは、上品と意気の二頂点を結ぶ直線全体を漠然と指している。

raffiné とは、意気と渋味とを結びつける直線が直方体の底面に向かって垂直に下りていって、まもなく静止した時に、その下降運動が描き出した長方形の名称である。

要するに、この六面体の図式としての価値は、他の同系統の美意識がこの六面体の表面および内部に定められた点にどれだけ位置づけられるかという可能性にかかわっている。

〔原注〕

「いき」は甘味の肯定と否定の中間に位置している。……『船頭部屋《せんどうべや》』（式亭三馬の洒落本）に、

ここも都の辰巳《たつみ》（深川）とて、喜撰《きせん》（当時流行《はやり》の茶）は朝の梅干しに、栄代《えいたい》団子（永代橋《えいたいばし》近くで売られていた名物団子）の角《かど》とれて（野暮な堅苦しさがなくて）、酸《す》いも甘いもかみわけた（心得た）。

という言葉があるように、「いき」すなわち粋の味はすっぱいのである。そして、化学上の関係はさておいて、美意識の領域では、酸味は甘味と渋味の中間に位置するの

である。また、渋味は、自然界では（柿などがそうであるように）まだ十分に熟していない状態の味である場合が多いが、精神の世界では、逆に、多くの場合、円熟した趣味のあらわれである。広い意味での擬古主義すなわち古い様式を真似ようとする流儀において、とりわけ古くさく、ひなびた味わいが尊ばれる理由もそこにある。

また、この渋味については、正、反、合という段階を踏んで完成へ進んでいく弁証法的発展の過程が見られるともいえる。

鶯の声まだ渋く聞こゆなり、すだち（巣立ち、直立木《すだち》）の小野の春の曙《あけぼの》
（藤原長方《ながかた》）

という場合の渋味は、まだ未熟で十分に声が出ない状態、すなわち正の段階の渋味を示している。それに対して、この正の段階から逆転して反の段階となるのが甘味である。

そして、最後に、この甘味からさらに反転、止揚して合の段階にいたったのが「（着物の）表は無地で、裏に模様が隠されている」という渋味、渋い趣味なのである。

四「いき」の身体的表現

解説　一、二章で「いき」の根本となる意識のありかたを論じてきたのにつづいて、三、四章では、こうした「いき」な意識が目に見える（あるいは耳に聞こえる）具体的なあらわれをとる例を列挙して検討することになります。

序説で強調されたように、「いき」の本質は意識のありかたにあるわけですが、だからといって、ただ、そうした抽象的なレベルでの考察にとどまっていたのでは「いき」というものが幅広く日本人の生活、文化にまで作用をおよぼしている様相を理解することはできず、そうした具体的なレベルでの理解こそ「いき」という現象の全容解明には不可欠であるという九鬼の考え方――具体的な生の現実そのもののありかたに即すことをめざす、生の哲学に根ざした考え方――に基づいた展開といえますが、これによって『「いき」の構造』は、単なる哲学専門書のレベルを超えて、本格的な日本文化論として成立することになります。

そのうち、まず、ここでは、身体のありよう、その仕草《しぐさ》を要素ごとにくわしく分析していくわけですが、まるで練達の粋人が初心者に手をとって教え、あるいは、演出家が役者にこまごまと指示を与えるかのような、微に入り、細にわたってツボを指南する、その溌剌《はつらつ》とした筆致は、いかにも花柳界、社交界で修練を積んできた九鬼の面目躍如、本書の読みどころのひとつでしょう。

しかし、この場合にも、単にさまざまな「いき」な姿形や仕草のありかたを列挙するのではなく、それらに一貫する「いき」であるための条件として、媚態の根本である「つかず離れず」、「皆無であってもならず、過剰であってもならない」という緊張性が要であるという原則にしたがって九鬼は記述を進めていきます。

また、西洋に対する日本、上方《かみがた》に対する江戸、元禄《げんろく》（江戸時代中期）に対する文化文政《ぶんかぶんせい》（江戸時代後期）というように「いき」の文化の範囲を限定して、その民族的、歴史的特殊性を強調するのも、序説で述べられた「いき」についての基本的な考え方に基づいています。

これまでは内面意識のありかたとしての「いき」について考察してきたが、次には、目に見える姿で外にあらわれた「いき」のありかたを理解しなければならない。

「いき」の意味は、内面意識としての「いき」の上に、この外にあらわれた「いき」を基礎づけ、両者を綜合した全体としてとらえることによって了解されるのである。

　さて、この目に見える姿で外にあらわれた「いき」のありかたは、自然（山川草木などと身体）表現と芸術表現のふたつに区別することができる。

　このふたつがはっきりと区別できるのか、(原注1)自然表現とはつまるところ芸術表現にほかならないのではないか、という問題は大変興味深いが、ここでは、それには触れず、とりあえず便宜上、一般的な考え方にしたがって、自然表現と芸術表現のふたつに区別して考察する。

　まず、自然としてあらわれた表現について、考察してみよう。

　自然表現といえば、いわゆる「象徴的感情移入」、つまり、山川草木のうちに感情の反映を読み取る場合、たとえば、柳や小雨を「いき」と感じるような場合をも意味しうるが、ここでは、特に「本来的感情移入」、つまり、感情が直接的にあらわれる身体表現を自然表現としておく。

「いき」な言葉遣い

身体表現としての「いき」は、聴覚的なものとしては、まず言葉遣い、すなわちものの言い振りにあらわれる。「男へ対し、そのものいいは、あまえずして色気あり」とか「言《こと》の葉草《はぐさ》も野暮ならぬ」とかいう場合がそれだが、この種の「いき」は、通常、発音の仕方、語尾の抑揚などに特色が凝らされる。すなわち、言葉を普通よりもやや長く引いて発音し、それから、急に抑揚をつけて言い切るというのが言葉遣いとしての「いき」の基礎をなしている。

この際、長く引いて発音した部分と、急に言い切った部分とに言葉のリズム上の対立があり、それが、「いき」の根本である媚態にふくまれる（甘えるかと思えば、はねつけるというような）二元対立性のあらわれとみることができるのである。声の響きとしては、甲高《かんだか》い高音よりも、ややさびの加わった少し低めの音の方が「いき」である。

このように、言葉のリズム上の対立がやや低めの声で発せられると、「いき」の気分と表現が理想的に一致して実現するのである。

「いき」な姿勢

身体表現としての「いき」は、視覚的な面において最も明瞭かつ多彩なあらわれを見せる。(原注2)

視覚的な面における身体表現とは、姿勢、身振り、その他をふくめた広い意味での表情と、その表情のもととなる身体そのものを指していうのである。

鳥居清長画
「吾妻橋下の舟遊び」部分
（東京国立博物館蔵）

まず、体全体については、姿勢を軽く崩すというのが「いき」の表現である。鳥《とり》居《い》清長《きよなが》の絵には、この表情が、男姿、女姿、立ち姿、座り姿、後ろ姿、前向き、横向きなどあらゆる姿とニュアンスで、驚くほどきめ細やかにとらえられている。

「いき」の基本は、異性に対してつかず離れずの二元的な態度で接する媚態にあるが、こうした異性への接し方は、安定した姿勢を崩して異性に向かうかと思えば待ち受けるといった、どっちつかずの不安定な姿勢をとることによって具体化される。

しかし、その反面、「いき」は現実に迎合しない霊的な理想をめざす以上、崩した姿勢とはいっても抑制と節度が大切で、やたらに放縦《ほうじゅう》な、媚びるような姿勢は避けねばならない。「白楊《ポプラ》の枝の上で体をゆすぶる」セイレーン（美声によって船乗りたちを誘惑し、滅ぼすとされたギリシャ神話中の魔女）の妖態や「サチュロス（酒神バッカスの従者で好色な半獣神）仲間のお気に入りの」バッカス祭尼（バッカス神に仕える淫乱な巫女《みこ》）の狂態、すなわち、腰を左右に振って臆面もない露骨さをふりまく西洋流の媚態は「いき」とはきわめて縁遠い。

「いき」は、異性への関心をほのかに暗示するものなのである。左右均斉な姿のバランスをわずかに崩すことによって、まっすぐな体の線がゆるやかに湾曲するというあたりが「いき」の表現としては重要なのである。

「いき」な衣装

全身について「いき」の表現と見られるのは、薄ものをまとうことである。

明石《あかし》からほのぼのとすく（透く）緋縮緬《ひぢりめん》

という句があるが、明石縮み（兵庫県の明石名産として知られる高級な薄手の着物地）を着た女の緋色《ひいろ》の襦袢《じゅばん》が透けて見えることを言っている。薄もののモチーフは、しばしば浮世絵にも見られるが、この場合には、薄ものが透けて見えることによる異性への通路開放と、逆に、薄ものにおおわれることによる通路封鎖として、「いき」の二元性が表現されている。

メディチのヴィーナス（フィレンツェのウフィツィ美術館におさめられているメディチ家伝来のヴィーナス彫像）は、裸体に添えられた両手の位置によって媚態を強調しているが、それではあまりにあからさますぎて「いき」とはいえない。また、パリ

喜多川歌麿画
「婦人相学十躰　浮気之相」
（東京国立博物館蔵）

のショーに登場する裸体が「いき」に対する心遣いなどまったくないことはいうまでもない。

「いき」な姿としては、湯上がり姿もある。

しばらく前までは裸体でいた気配をただよわせながら、あっさりした浴衣を無造作に着こなしているところに媚態の本質が表現されている。「いつも立ち寄る湯帰《ゆがえ》りの、姿も粋《いき》な」とは『春色辰巳園《しゅんしょくたつみのその》』の米八《よねはち》だけにかぎったことではない。「垢抜け」した湯上がり姿は、浮世絵にも多い絵柄である。鈴木春信《すずきはるのぶ》も湯上がり姿を描いた。そればかりか、すでに紅絵《べにえ》（初期浮世絵の技法。紅色で彩色した）時代においてさえ、奥村政信《おくむらまさのぶ》や鳥居清満《とりいきよみつ》などによって描かれていることを思えば、どれほど特別の価値をもったものであったかわかる。歌麿も『婦人相学十躰《ふじんそうがくじったい》』のひとつとして湯から上がった後の女を描くことを忘れなかった。

ところが、西洋の絵画では、湯に入っている女の裸体姿はしばしばあるにもかかわらず、湯上がり姿はほとんど見出すことができない。

「いき」な体つき

表情のもととなる身体そのものについて言えば、姿がほっそりして柳腰《やなぎごし》であることが「いき」のあらわれのひとつであると言える。

この点についてほとんど狂信的な信念を表明しているのは歌麿である。また、文化文政時代の美人の典型にもそうした美学があらわれているのが、元禄美人と比べるとわかる。『浮世風呂』には「細くて、お奇麗で、意気で」という形容が見られる。

「いき」の本質は現実を超えた霊的な理想をめざすところにあるのだとすれば、当然、細長い姿をとるようになる。細長い姿は肉体の衰えを示すと同時に霊的なものを感じさせる。もっぱらこうした霊的なものの表現をめざしたグレコ（ギリシャ出身で、スペインで活動した十六、七世紀の画家）は細長い人物ばかり描いた。西欧中世のゴシック彫刻も細長いことを特徴としている。私たちが想像する幽霊も常に細長い姿をしている。「いき」が霊化された媚態であるなら「いき」な姿は、ほっそりしていなくてはならない。

「いき」な顔と表情

以上は全身についての「いき」だが、顔についても、もととなる顔そのものと、顔にあらわれる表情の二方面に「いき」があらわれる。もととなる顔そのもの、すなわち、顔の構造の上からは、一般的にいえば、丸顔よりも細おもての方が「いき」に適合している。「当世（今風の）顔は少し丸く」と井原西鶴《いはらさいかく》が言った、元禄時代に理想とされた豊麗な丸顔に対して、文化文政時代が瀟洒《しょうしゃ》な細おもてを善しとしたのはそれを証している。その理由が全身の場合と同様の根拠によっていることはいうまでもない。

顔の表情が「いき」であるためには、眼と口と頰《ほお》とにゆるみと緊張とが必要である。これも、全身の姿勢でバランスをわずかに崩《くず》すことが必要であったのと同じ理由から理解できる。

眼については、流し目が媚態の定番である。流し目とは、瞳《ひとみ》を動かすことによって異性に媚びを流し送ることである。

その変形としては、横目《よこめ》、上目《うわめ》、伏目《ふしめ》がある。異性の傍らから横目を送るのも、下を向いて上目ごしに正面の異性を見るのも媚びである。伏目もまた、異性に対して色気を含んだ恥じらいを暗示する点で媚びの手段に用いられる。

これらすべてに共通するのは、異性へ働きかけるために眼のバランスを崩して、平常とは異なる動きを示すことである。

だが、単に「色目《いろめ》」だけではまだ「いき」ではない。「いき」であるためには、さらに眼が涙に潤《うる》んでいたことをうかがわせるような光沢を放ち、瞳がかろやかな諦めと凛《りん》とした張りを無言のうちに強く語っていなければならない。

口は、異性同士の間の実際的な通路（会話あるいはキス）として効用があるうえに、さまざまな動きが可能であることによって、「いき」を表現するゆるみと緊張をきわめて明瞭に示しうる。目的のないことを目的とするような「いき」のありかたは、口の動きのかすかなリズムにあらわれる。そして、こうした唇の動きの重要性を際立たせるのが口紅なのである。

頬も、微笑《ほほえみ》のニュアンスをつかさどっている点で、表現上、重要である。「いき」な微笑というのは快活なニュアンスのものであるよりは、むしろ、やや悲しみをたたえたものであるのがふつうだ。西鶴は、頬の色が「薄花桜」であることを重要視しているが、「いき」な頬は、吉井勇《よしいいさむ》（京都祇園での遊びなどを耽美的に詠った作風で知られる歌人）が、

うつくしき女なれども小夜子《さよこ》はも凄艶《せいえん》なれば秋にたとえん

と言っているような秋の色を帯びる傾向がある。

要するに、顔にあらわれる「いき」の表現は、片目をつぶったり（ウィンク）、口をとがらせたり、「両頬をふくらませてジャズを演奏する」というような西洋流の野暮さと絶縁することが前提となっている。

「いき」な化粧

なお、一般に化粧については、薄化粧《うすげしょう》が「いき」の表現と考えられる。江戸時代

には、関西の女は濃艶な厚化粧をしたが、江戸ではそれは野暮と蔑《さげす》まれた。江戸の遊女や芸者が「婀娜《あだ》」といって尊んだのも薄化粧のことである。

あらい粉にて磨きあげたる貌《かお》へ、仙女香《せんじょこう》（白粉《おしろい》の銘柄）をすりこみし薄化粧は、ことさらに奥ゆかし。

と為永春水《ためながしゅんすい》も言っている。また、西沢一鳳《にしざわいっぽう》（幕末の脚本作者）は、江戸の化粧について、

上方のごとく白粉べたべたと塗ることなく、至って薄く目立たぬをよしとす、元来、女は男めきたる（男めいた）気性ある所の故なるべし。

と言っている。「いき」の本質とそのあらわれが、化粧をするという媚態の表現と、その化粧をほのめかし程度にとどめるという霊的な理想性に示されている。

「いき」な髪型

髪型としては、略式のものが「いき」を表現する。文化文政時代には、正式な髪型は丸髷《まるまげ》と島田髷《しまだまげ》であり、また、島田髷としては、ほとんど文金高島田《ぶんきんたかしまだ》だったが、これに対して、「いき」と見られた結いぶりは、銀杏髷《いちょうまげ》、楽屋結《がくやゆ》いなど略式のものか、さもなくば、島田でも潰《つぶ》し島田、投《な》げ島田など正式の型から崩れたものだった。また、特に粋を誇っていた深川芸者の風俗としては、油を使わない水髪《みず》が喜ばれた。

後ろをひっつめ、たぼ（日本髪で後方に張り出た部分）は上の方へあげて水髪にふっくりと少し出し〔た姿は〕他所《よそ》へ出してもあたまばかりで（髪型を見るだけで）辰巳仕入《たつみじこみ》（色里仕込み）と見えたり。

と『船頭深話《せんどうしんわ》』（式亭三馬の洒落本）は言っている。正式な髪型のバランスを崩すところに、異性に向かって近づくかと思えば退くといった二元的な「媚態」のありようがあらわれる。

さらにまた、その崩し方が軽妙であるところが「垢抜け」ているのである。「結ひそそくれしおくれ髪（結いそこなってほつれ、下がった髪の毛）」や「ゆうべほつるる鬢《びん》の毛」が「いき」なのも同じ理由からにほかならない。

それに比べてメリザンドが長い髪を窓の外のペレアスに投げかける動作（メーテルリンクの原作をドビュッシーがオペラ化した『ペレアスとメリザンド』でヒロインのメリザンドがバルコニーから地上の恋人ペレアスにむかって長い髪を投げかける場面が有名）には「いき」なところは少しもない。また一般的に言って、ブロンドの髪のけばけばしい金色よりは、みどりの黒髪の方が「いき」の表現に適合している。

大丸髷（おおまるまげ）

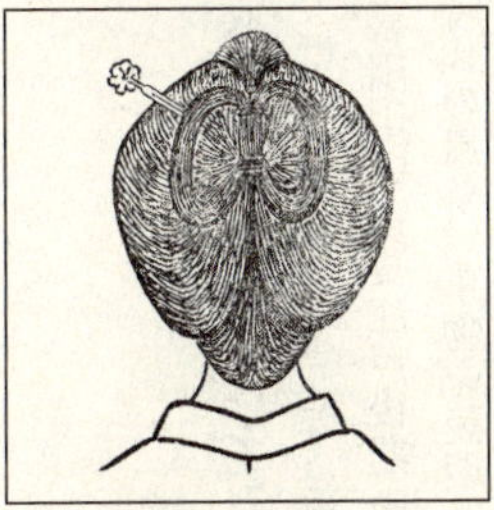
銀杏髷（いちょうまげ）

潰し島田（つぶししまだ）

「いき」な着こなし

衣服の着こなしでは、抜《ぬ》き衣紋《えもん》（着物の後《うし》ろ襟《えり》を引き下げて、襟足《えりあし》を見せる着方）が江戸時代から武士階級以外では「いき」とされて流行した。襟足をのぞかせるところに媚態があるのである。喜田川守貞《きたがわもりさだ》（江戸後期の風俗史家）の『近世風俗志《きんせいふうぞくし》』（『守貞漫稿《もりさだまんこう》』ともよばれ、江戸時代の風俗、事物を説明した一種の百科事典）に「首筋《くびすじ》に白粉ぬること一本足《いっぽんあし》と号《い》つて、際立《きわだ》たす」と言い、また特に遊女、町芸者《まちげいしゃ》の白粉について「頸《くび》は極《きわ》めて濃（化）粧す」と言っているが、この首筋の濃い化粧は主として抜き衣紋の媚態を強調するためだった。

この抜き衣紋が「いき」の表現となる理由は、着物のバランスを軽く崩し、異性にむけて肌への通路をほのかにうかがわせる点にある。また、西洋のローブ・デコルテ（襟ぐりを大きくくり、袖無しの夜会《やかい》用礼服）のように、肩から胸と背中の一帯を大きくむき出しにするような野暮に陥らないところに、抜き衣紋の「いき」としての味があるのである。

左褄《ひだりづま》を取る（遊女が着物の左の褄をもちあげて歩くのが粋とされた）ことも「いき」

縮緬《ちりめん》の表現である。「歩く拍子《ひょうし》に紅《もみ》のはっち（ぱっち、股引《ももひき》）と浅黄《あさぎ》（うすい藍色）縮緬の下帯《したおび》（腰巻《こしま》き）がひらりひらりと見え、」とか「肌《はだえ》の雪と白き浴衣《ゆかた》の間にちらつく緋縮緬の湯《ゆ》もじ（腰巻き）を蹴出《けだ》す（垣間見せる）うつくしさ」とかは、たしかに、「いき」の条件にかなっているに違いない。『春告鳥《はるつげどり》』の中で「入り来《き》る婀娜《あだ》者《もの》」は「褄《つま》をとって白き足を見せ」ている。浮世絵師もさまざまなやりかたで足を露出させている。

こうした裾から足を垣間見せる媚態をほのかに暗示したのが左褄なのである。近頃の西洋の流行が、一方では、裾を短くしてほとんど膝までむきだしにし、他方では、肌色の靴下によって素足を見せているかのような錯覚の効果を期待しているのに比べ、「ちょいと手がるく褄をとり」というのは、はるかに繊細な媚態を示すものなのである。

「いき」な素足と手のしぐさ

素足もまた「いき」の表現となる場合がある。「素足も、野暮な足袋ほしき（ほしい)、寒さもつらや(つらい)」といいながらも江戸芸者は冬でも素足を習いとした。粋人にはこれを真似て足袋をはかない者も多かったという。

着物で包んだ全身に対して、足だけを露出するのはたしかに媚態の二元性をあらわしている。だが二元性といっても、この着物と素足の関係は、全身を裸にして足だけに靴下または靴だけを履く西洋風の露骨さ(パリなどのストリップショーで定番のスタイル)とは反対であり、そこがまた素足が「いき」であるところなのである。

手は媚態と深い関係がある。つまらなそうに遊ぶ「いき」な様子が、男をまいらせてしまう「手管《てくだ》」というものも「手つき」ひとつにかかっていることが少なくない。「いき」な手つきは、手を軽くそらせたり、曲げたりするニュアンスのうちに見られる。歌麿の絵には全体の重心が手ひとつに置かれているものがある。

だが、さらに進んで言えば、手は顔についで人の性格をあらわし、過去の体験を物語るものなのである。私たちは、なぜロダンがしばしば手だけの彫刻を作ったか考えてみなければならない。手(による性格)判断は決して無意味なものではない。指先まで響いている余韻によって魂そのものを判断することは不可能ではないのである。手が「いき」の表現となりうる可能性も、つまるところ、この一点にかかっている。

以上、「いき」の身体的表現、とくにその視覚的表現を、全身、顔、頭、首、脛《はぎ》、足、手について考察した。意識としての「いき」は、異性に対する二元的態度としての媚態に、現実に執着せず霊的理想に向かおうとする心性が加わって完成されたものだったが、その具体的なあらわれである身体表現の要点は、一元的に統一されたバランスを軽妙に崩して二元性を暗示するという形をとるものだということが明らかにされた。

このバランスを壊して二元性を示す点に「いき」の具体化である媚態が表現され、そのバランスを壊す仕方に、現実に執着せず霊的理想に向かおうとするという「いき」の本質が認められるのである。(原注3)

〔原注〕

（1）このふたつがはっきりと区別できるのか……この問題については、ウーティッツ『一般芸術学の基礎づけ』、フォルケルト『美学体系』を参照のこと。

（2）身体表現としての「いき」は……味覚、嗅覚、触覚に関する「いき」は、「いき」の構造を理解するためにかなり重要である。味覚としての「いき」については次のように言うことができる。第一に、「いき」な味とは、ただ味覚だけで済むような単純なものではない。米八が『春色恵の花』(為永春水の人情本。米八はそこに登場する芸者)で「そんな色気のないものをたべて」とけなした「付け焼き団子」（しょうゆを塗って焼いた団子）は、味の効果をただ食味だけに頼っていて、ほかの要素がほとんどないが、「いき」な味とは、食味のほかに、たとえば、「木の芽」や柚子《ゆず》の嗅覚や、山椒やわさびの触覚のようなものが加わった、刺激の強い、複雑なものである。第二の点として、「いき」な味は、濃厚なものではない。淡白なものである。味覚としての「いき」は、「けもの店《だな》の山鯨《やまくじら》（獣肉料理屋の猪）」より「永代《えいたい》の（永代橋あたりでとれる）白魚《しらうお》」の方向に、「あなごの天ぷら」よりも「目川《めがわ》の田楽《でんがく》（近江の目川の茶屋の名物だった菜《な》飯田楽《めしでんがく》）」の方向に求めていかなければならない。要するに「いき」な味とは、食味のほかに嗅覚や触覚もともに働いて生理的に強い刺激を与えるもの、しかも、あっさりした淡白なものである。だが、味覚、嗅覚、触覚などは「いき」の身体表現ということはできない。柳や小雨のような自然現象を「いき」と感じるのと同様に、いわゆる「象徴的感情移入」、つまり、対象のうちに感情の反映を読み取るにすぎないのであり、身体表現としての「いき」は、聴覚的なものと視覚的なものに限定されると言ってよいだろう。そして視覚については、アリストテレスが『形而上学《けいじじょうがく》』の巻頭に言っている言葉がここでも妥当する。曰《いわ》く「この感覚は、ほかの感覚よりも、私たちにものを最もよく認識させ、また多くの差異を示す」。

(3)「いき」の身体的表現……「いき」の身体的表現を追求するなら、当然、舞踊に行き着く。これは、こじつけでもなければ、なんら不自然なことでもない。舞踊は芸術だからと規定して、日常的な身振り、動作と区別する方が、かえって不自然で無理がある。アルベール・メーボンは、その著作『日本の演劇』において、日本の芸者が「装飾的で表情に富んだ身振りに長《た》けている」と述べたうえで、日本の舞踊について次のように語っている。「身振りによって思いや気持ちを伝えるということに関して、日本流には無尽蔵の技巧がある。……足と脛とで基本的なリズムを示して保ち、胴、肩、首、頭、腕、手、指が心情を伝える道具となる」。これまで本論では、便宜上、「いき」の身体的表現を身体動作として舞踊からは切り離して考察してきた。だが、さらに範囲を拡大して、舞踊にあらわれる「いき」の芸術的表現を考察してみたとしても、おそらくは「いき」の身体的表現の考察がそのまま通用する、もしくはいくらかの変更を加えるだけで済むことだろう。

五　「いき」の芸術的表現

解説　前章で、姿形、仕草、表情などの身体的表現にあらわれる「いき」について考察したのにつづいて、この章では、模様、建築、音楽などの芸術的表現にあらわれる「いき」のありかたが論じられます。「いき」というものが本来、異性をひきつけようとする媚態から発していることを前提とすると、身体的表現における「いき」については、媚態の直接的な表現として理解しやすいのに対し、芸術的表現の場合には直接に媚態と結びついているわけではなく、その意味では間接的なレベルでの「いき」の表現ということになりますが、九鬼は、そこにも「いき」の特質があらわれていることを明らかにすることによって、「いき」が媚態という特殊な対人関係のありかたから発しながら、広く日本文化全般にまでおよぶ美学原理であることを説こうとするのです。

こうした九鬼の姿勢は、「いき」の表現として具象的芸術より抽象的芸術を重視することにもあらわれます。「いき」な身振りや表情をそのまま模写した絵画などの場合、「いき」は、わかりやすくあらわれていますが、それは描かれている身振りや表情に帰するものであって、絵画そのものの特質ではなく、絵画としての「いき」のありかたを示すものとはならない、だからこそ、純粋に造形的な「いき」のありかたを示すのは、むしろ、具象—模写性を排した抽象的な絵画なのだと九鬼は説くのです。そして、その例として、たとえば、縞模様をあげ、縞を構成する平行線が媚態の「つかず離れず」の関係と対応することを理由としてあげるのです。この対応関係は、「いき」な身振りや表情をそのまま模写するような場合に比べて、「いき」の表現としては間接的、抽象的ですが、それだけ原理的であり、「いき」の本質である二元性を鮮やかに示すものといえます。

こうして媚態に直結した身体的表現につづいて、より広く、原理的に「いき」の美学を表現した諸芸術の例を考察して『「いき」の構造』の本論は仕上がりとなります。

具象的芸術と抽象的芸術

身体的表現につづいて、ここでは「いき」の芸術的表現の考察に移らなければならない。「いき」の表現と芸術との関係は、具象的芸術か抽象的芸術かによって表現のありかたに大きな差がある。

そもそも芸術は、表現手段によって空間芸術（絵画、彫刻、建築など）と時間芸術（音楽、演劇など）に分けられるほか、表現様式によって具象的芸術と抽象的芸術に分けることができるのである。具象的芸術はその内容が具体的なものに限定されているのに対し、抽象的芸術は具体的内容の表現に限定されず、自由に抽象的な表現をとることができるという違いがある。絵画、彫刻、詩は前者に属し、模様、建築、音楽は後者に属する。前者は模倣《もほう》（写実）芸術とよばれ、後者は自由（非写実）芸術とよばれることもある。

さて、具象的芸術では「いき」が具体的な形のままで表現される。絵画、彫刻では「いき」の身体表現をそのままそっくり写しとることができる。「いき」な身振りや表情について述べた時に、浮世絵の例をしばしばもちだして説明することができたのはそのためである。また、広い意味での詩すなわち文学作品一般は、「いき」な表情や身振りを描写できるばかりでなく、意識現象としての「いき」をも描写できる。意識現象としての「いき」を解明するにあたって文学作品を例として用いることができたのはそのためである。しかしながら具象的芸術がこのように「いき」を表現することができるということは、純粋な芸術形式としての「いき」というものを完全に成立させるためにはかえって障害になる。なぜかというと、もう具体的な形で「いき」を表現してしまっているために、それ以上、純粋な芸術形式として表現することへの関心や欲求を感じなくなってしまうのである。

そうは言っても、具象的、抽象的の別は、必ずしも厳密に立てることのできない、むしろ便宜的な区別であるから、いわゆる具象的芸術においても「いき」の芸術形式が純粋な形であらわれる場合がないわけではない。たとえば、絵画であれば、輪郭を主とした線画であること、色彩が濃厚でないこと、構図が複雑すぎないことなどが「いき」の表現に適合する条件となりうる。また、詩すなわち文学作品では、とくに狭い意味での詩において、そのリズムに「いき」の芸術形式があらわれうる。俳句のリズムと都々逸《どどいつ》のリズムとが「いき」の表現とどのような関係にあるか考察することができる。

しかしながら、いわゆる具象的芸術においては、「いき」の芸術形式は必ずしも明瞭、明確な形であらわれるわけではない。これに反して、抽象的な芸術では、具体的表象によって「いき」を表現するということがあまりなく、すべて抽象的な形式によって表現する結果、かえって「いき」の芸術形式が鮮明な形であらわれてくるのである。したがって、「いき」の芸術形式は主として抽象的芸術すなわち自由芸術の表現様式のうちに求められることになる。

自由芸術のうちで、第一に「いき」の表現と重要な関係をもっているのは模様である。一体、模様に「いき」はどのようにあらわれるか。そこには、まず、なんらかの「媚態」の二元性があらわされていなければならない。また、その二元性は、「意気地《いきじ》」と「諦《あきら》め」のあらわれとして一定の特徴を備えて表現されている必要がある。

純粋な二元性表現としての縞模様

幾何学《きかがく》的図形としては平行線ほど（「いき」の基本である媚態の「つかず離れず」という）二元性をよくあらわしているものはない。永遠に伸びつづけながら永遠に交わることのない平行線はこうした二元性が最も純粋に視覚化された形態であり、（それをパターン化した）縞《しま》が「いき」な模様とされるのは偶然ではない。『昔昔物《むかしむかしもの》語《がたり》』(江戸中期の随筆家財津種莢《たからつしゅそう》の著作)によれば、昔はふつうの女が縫箔《ぬいはく》(金糸、銀糸の刺繡)の小袖を着るのに対して、遊女が縞物を着たという。また、武家が縞物を着ることを許されるようになったのは天明《てんめい》時代にいたってからであり、文化文政の通人遊客は縞縮緬《しまちりめん》の装《よそお》いを最も好んだ。『春告鳥』では、「主女(遊女)に対する客人の出で立ち」を述べて、

上着《うわぎ》は媚茶《こびちゃ》(焦げ茶)の……縞の南部縮緬《なんぶちりめん》、羽織《はおり》は唐桟《とうざん》(紺地に細かい縦縞《たてじま》の入った織物)の……ごまがら縞、……そのほかの持ち物や懐中の物なども、これにならって意気なることと、知りたまふべし。

と言っている。また『春色 梅暦《しゅんしょくうめごよみ》』では、主人公の丹次郎《たんじろう》を訪ねてくる芸者米八《よねはち》の衣装について、

上田太織《うえだふとり》(上田産の太い糸で織った織物)の鼠《ねずみ》の棒縞《ぼうじま》、黒の小柳に柴の山まゆ縞の縮緬を鯨帯《くじらおび》(表と裏が別の布地で仕立てられた帯)とし、

丹次郎を訪ねた芸者米八（『春色梅暦』の挿絵）

と書いている（図版参照）。

　では、どんな種類の縞がとくに「いき」だろうか。

　まず、横縞《よこじま》よりも縦縞《たてじま》の方が「いき」であると言える。着物の縞柄としては、宝暦《ほうれき》年間（一七五一～一七六四）あたりまでは横縞しかなかった。縞のことを織《おり》筋《すじ》と言ったが、この織筋は横を意味していた。「熨斗《のし》目《め》（全体としては無地でありながら腰のあたりだけに横縞を織りこんだもの）」の腰に織り出している横縞や、「取染《とりぞめ》（所々に縞を織りこんだもの)」の横筋は、いずれも宝暦以前の趣味である。ところが、宝暦、明和《めいわ》年間(一七六四〜一七七二)あたりから縦縞が流行し始めて、文化文政期には縦縞のみが用いられるようになった。この縦縞は文化文政期の「いき」な趣味を示しているのである。

では、なぜ、横縞より縦縞の方が「いき」であるのか。その理由のひとつは、横縞より縦縞の方が平行線を平行線として、より明瞭に印象づけるということがあるだろう。人間の両眼は左右、水平に並んでいるから、やはり左右、水平に平行している、すなわち左右に並んで垂直に走る縦縞の方が平行線として知覚しやすい。これに対し、上下に平行して走る横縞を平行線として知覚するには人間の目は多少の努力がいる。言い換えれば、両眼が水平の位置にあることから、事物の位置関係も水平面において、より明瞭に知覚されるのであり、したがって、縦縞では二本の線が離れて並んでいることが明瞭に意識され、横縞ではそれぞれの線がずっと伸びていることの方が意識されやすいのである。つまり縦縞の方が「いき」の基本要素である二元性を感じやすいということができる。

また、このほかの理由として重力の関係もあるに違いない。横縞には重力に逆らってじっと静止している地層に感じられるような重みがあるのに対し、縦縞には重力に従って落下する小雨や柳の枝のような軽みがある。また、これに関連して、横縞は左右に伸びて空間の幅を広く太く見せ、縦縞は上下に走ることによって空間を細長く見せるということもある。

　要するに、横縞よりも縦縞の方が「いき」であるのは、平行線としての二元性がより明瞭にあらわれているためと、軽やかで精妙な味わいがより多く出ているためといえよう。

　とはいえ、横縞が特に「いき」と感じられる場合もないわけではない。だが、それは種々特別の条件のもとにおいてである。第一に、そういう場合は縦縞との相対的な関係においてである。すなわち、縦縞を遮《さえぎ》るような場合に横縞は特に「いき」と感じられる。たとえば、縦縞の着物に横縞の帯を締めるとか、下駄《げた》の木目《もくめ》や塗りに縦縞があらわれているのにあわせて鼻緒《はなお》を横縞にするというような場合である。

　第二に、対象全体との相対的な関係においてである。たとえば、すらりとした姿の女が横縞の着物を着たような場合、その横縞は特別に「いき」な印象を与える。これが太った女であったら、横縞は広く、太く見せる効果があるので、とても着ることはできないのだが、すらりと細い女ならば横縞の着物もよく似合うのである。だが、この場合、横縞自体が縦縞より「いき」だというのではない。体型全体がすでに「いき」な人物にとりあわせて横縞を用いる時のみ特に「いき」な効果を生み出すのである。

第三に、感覚や感情の慣れとかかわっている。縦縞が感覚や感情にとってあまりに慣れすぎて陳腐なものとなり、新鮮味を失ってしまった場合、横縞が清新な印象を帯びた「いき」なものと感じられることがありうるのである。近頃、横縞が復興して流行し、「いき」な印象を与える傾向が見られるのも主としてこの理由に基づく。

縦縞と横縞それぞれの「いき」との関係を考察するためには、こうした種々特別の条件を離れて、両者の縞模様としての絶対価値、それ自体の価値を判断しなければならない。なお、縦縞のうちでは万筋《まんすじ》、千筋《せんすじ》のように極めて細いものや、子持《こも》ち縞《じま》（太い線に沿って細い線が平行する縞模様）、やたら縞（筋の太さや色などが不規則な縞模様）のように筋の幅にあまり変化の多いものは平行線としての二元性が不明瞭となるために「いき」の効果を十分に発揮することができない。「いき」であるためには、縞が適当に粗く、単純で、二元性がはっきりと見てとれることが大切である。

垂直な平行線と水平な平行線が交差すると縦横縞模様となるが、これは概して縦縞よりも、横縞よりも「いき」でない。平行線が見てとりにくくなるからである。縦横縞のうちでも縞の粗《あら》い、いわゆる碁盤縞《ごばんじま》は「いき」の表現でありうるが、そのためには水平の平行線（横縞）にまどわされずに垂直の平行線（縦縞）の二元性に視線を集中することが必要である。碁盤縞がそのまま左右いずれかへ回転して垂直線と四十五度の角度で静止する、すなわち、垂直の平行線と水平の平行線とがそれぞれ垂直性、水平性を失って共に斜め方向の平行線の組み合わせとなってしまった場合には、碁盤縞はもう「いき」ではなくなってしまうのがふつうである。なぜなら、これを見る者の視線は、もはや、平行線の二元性を即座に把握することができず、正面から直視するかぎりは、別々の方向に伸びる二組の平行線の交点のみに集中されることになってしまうからである。なお、正方形の碁盤縞が長方形に変化すると格子縞《こうしじま》となるが、格子縞は、その細長さによって碁盤縞よりは「いき」であることが多い。

縞の一部分をかすり（こすり）取る場合、かすり取られた部分が縞に対して比較的少なめであると縞筋に絣《かすり》を交えた格好になり、逆に多めであると絣になるといえるが、この種の模様が「いき」となりうる度合いは、かすり取られずに残った縞の部分がどの程度まで平行線の二元性を感じさせるかによっている。

縞模様のうちでも放射状に一点に集中する縞は「いき」ではない。たとえば傘の柄《え》の先端に集中する骨、扇の要《かなめ》に集中する骨、中心のある蜘蛛《くも》の巣《す》、四方へ光を放出する朝日などから暗示を得た縞模様は「いき」の表現とはならない。「いき」を表現するためには無関心で無目的な様子が目に見えるようになっていなければならない。放射状の縞は中心に集まることによって目的を達したように見えるために「いき」と感じられない。この種の縞が「いき」と感じられることがあるとすれば、放射性が隠れて平行線であるような錯覚がおこる場合である。

複雑な模様は「いき」でない

平行線としての縞から遠ざかるに従って模様はしだいに「いき」からも遠ざかることになる。枡《ます》、目結《めゆい》、雷《らい》、源氏香図《げんじこうず》などの模様は平行線として知覚されることがないわけではない。特に縦に連なった場合がそうで、したがって「いき」となりうる。ところが、籠目《かごめ》、麻葉《あさのは》、鱗《うろこ》などの模様では三角形から成り立っているために「いき」からは外れる。

概して複雑な模様は「いき」でない。たとえば、亀甲《きっこう》模様は三組の平行線を組み合わせた六角形から成り立っているが、「いき」であるには複雑すぎる。卍《まんじ》は垂直線と水平線とを組み合わせた十字形の先端が直角に屈折しているところが複雑で、これをつなぎあわせた卍つなぎ模様は「いき」とはいえない。

さらに亜字《あじ》模様となると一層複雑である。これは中国古代の官服の模様として「取リ二臣民ノ背悪向善ヲ一、亦《また》取ル二合離之義、去就之義ヲ一」（「悪にそむき善に向かう臣民のありかた、また、離合集散、出処進退の義を負う」。『周礼《しゅらい》』の言葉）」の意味を示しているといわれるが、あまりに勧善懲悪《かんぜんちょうあく》、合離去就《ごうりきょしゅう》の観念がくどく象徴化されすぎている。六回までも直角に折れ曲がって「両己相背《りょうこあいそむ》」（「互いに背を向けあっている」。同じく『周礼』の言葉）いている亜の字には、すっきりと垢抜けたようなところは微塵もない。亜字《あじ》模様は中国趣味の悪い面を代表するものであり、「いき」とは正反対である。

ついで曲線模様について述べると、すっきりした「いき」の表現にはならないのがふつうである。たとえば格子縞に曲線が螺旋《らせん》状にからむと、もとの格子縞の「いき」の大部分は失われてしまう。縦縞が全体に波線状の曲線となっている場合も「いき」であることは稀《まれ》である。直線から成り立っている割菱《わりびし》模様が曲線化して花《はな》菱《びし》模様に変化すると、模様は「派手」にはなるが「いき」は跡形もなくなる。扇紋は畳扇《たたみおうぎ》として直線のみで成立している間は「いき」でもありうるが、開扇《ひらきおうぎ》として弧を描くと同時に「いき」の香りすらとどめないものとなる。また、奈良時代以前から見られる唐草《からくさ》模様は蕨《わらび》のように巻きくねった線からできており、天平《てんぴょう》時代の唐花《からはな》模様もおおむね曲線からできているため、「いき」とは、はなはだ縁遠いものである。藤原時代の輪違《わちがい》模様、桃山から元禄にかけて流行した丸尽くし模様なども同様に曲線であるために「いき」の条件に適合しない。

もともと曲線は視線の運動に合致しているため把握しやすく、目に快いとされており、このことから波状の曲線の絶対的な美しさを説く者もいる。しかしながら、曲線は、すっきりした、意気地のある「いき」の表現には適しない。

扇紋（おうぎもん）

輪違（わちがい）

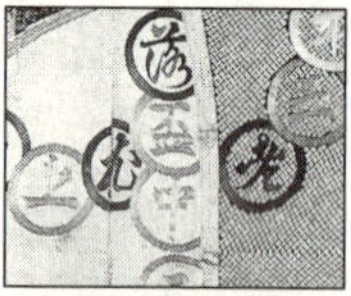
丸尽くし（まるづくし）

絣（かすり）

光琳模様（こうりんもよう）

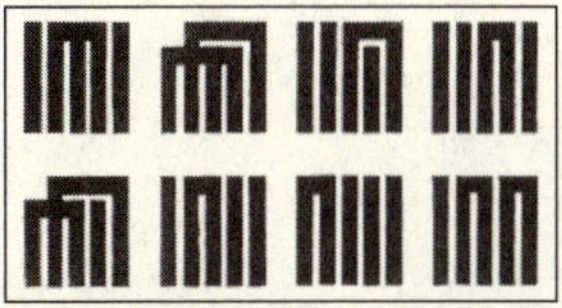

源氏香図(げんじこうず)

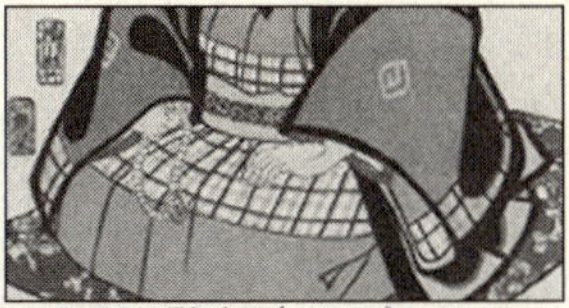

熨斗目(のしめ)

鱗(うろこ)

枡(ます)

子持ち縞(こもちじま)

卍(まんじ)くずし

目結(めゆい)

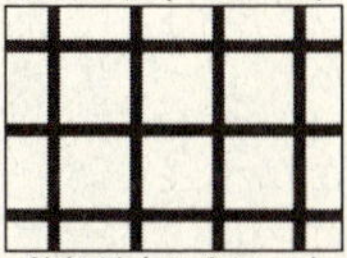

碁盤縞(ごばんじま)

亜字(あじ)

雷文(らいもん)

市松(いちまつ)

唐草(からくさ)

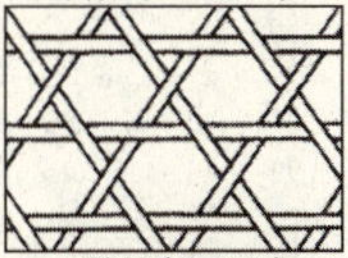

籠目(かごめ)

子持ち亀甲(こもちきっこう)

花菱(はなびし)

麻葉(あさのは)

手綱染(たづなぞめ)

すべての温かいもの、すべての愛は円か楕円《だえん》の形をもち、螺旋状などの曲線を描いていく。冷たいもの、無関心なもののみが直線で角がある。兵隊を縦に整列させないで環状に配列したら戦うのをやめて踊ることだろう。

（デソワール『美学と一般芸術学』）

と言った者がいるが、「いき」のうちには「はばかりながら揚巻《あげまき》でござんす」というう、曲線ではあらわせない峻厳なところがあるのであり、冷ややかな無関心があるのである。「いき」の芸術表現がいわゆる「美的小」（リップス『美学』）。小さく、ささやかなものの美しさ、愛らしさを説く考え方で、いま風にいえば「かわいい」に相当するといえる）とは異なった方向に向かうものであることは、これによっても自明である。

幾何学的模様に対して絵画的模様はどうかというと、これはまったく「いき」でない。「金銀にて蝶々を縫《ぬ》ひし野暮なる半襟《はんえり》をかけ」と『春告鳥』にもある。三筋《みすじ》の糸を垂直に画面の上から下まで描き、その側に三筋の柳の枝を垂らし、糸の下部に三味線《しゃみせん》の撥《ばち》を添え、柳の枝には桜の花を三つほど散らした模様を見た事があるが、描かれた内容や平行線の応用からすると「いき」な模様であってもよさそうなのに、実際に受けた印象は何ら「いき」なところのない、きわめて上品なものだった。絵画的模様は、その性質上、二元性をすっきりと表現するという可能性を幾何学的模様ほどにはもっていないのであり、その結果として「いき」でありえないのである。光琳《こうりん》模様、光悦《こうえつ》模様（尾形《おがた》光琳、本阿弥《ほんあみ》光悦はともに琳派の巨匠。花鳥、川、雲などの自然を装飾的に図案化した作風で知られる）などが「いき」でないわけも主としてこの理由による。「いき」が模様として表現されるのは幾何学的模様においてである。また幾何学的模様こそが真の意味での模様である――現実の具体的事物に縛られることなく、自由に抽象的な形式を創造することのできる自由芸術は、模様としては、幾何学的模様においてのみ実現されるのである。

「いき」な色

模様は形のほかに色からも成り立っている。碁盤縞《ごばんじま》は、碁盤の目が二種類の異なった色によって交互に塗り分けられると市松《いちまつ》模様となる。では、模様の色はどんな風に用いられる場合に「いき」であるか。まず、西鶴《さいかく》のいわゆる「十二色のたたみ帯（井原西鶴『好色五人女《こうしょくごにんおんな》』に登場する、おさんが締めた帯で、一枚布をたたんで作られている）」、だんだら染（一本一本の縞がそれぞれ異なった色で染められているもの）、友禅染《ゆうぜんぞめ》など元禄時代におこったものに見られるような、あまり雑多な色彩のものは「いき」ではない。形と色の関係では、色調の異なった二色または三色の対比によって形の二元性を色彩にも反映させるか、または濃淡の差をつけるか、一定の明度のひとつの色によって形の二元性に特殊なニュアンスを添えるかするというのが「いき」を演出するための色の役割である。

色そのものはどんな色調でなければならないかというと、「いき」を表現するには決して派手な色であってはならない。[原注]

「いき」の表現として色は二元性を低い声で主張するものでなければならない。『春色恋白浪《しゅんしょくこいのしらなみ》』（為永春水の人情本）に、

鼠色《ねずみいろ》の御召縮緬《おめしちりめん》に黄柄茶《きがらちゃ》（黄色がかった薄い茶色）の糸を以《もっ》て細く小さく碁盤《ごばん》格子《ごうし》を織出《おりいだ》したる上着、……帯は古風な本国織《ほんごくおり》（日本で織られた帯地）に紺博《こんはか》多《た》の独鈷《とっこ》（博多《はかた》織《おり》によく用いられた仏具の模様）なし媚茶《こびちゃ》（黒みをおびた濃い茶色）の二本筋を織りたるとを腹合せに縫ひたるを結び、……衣装の袖口《そでぐち》は上着

下着ともに松葉色《まつばいろ》の様なる御納戸《おなんど》（緑がかった暗い青色）の繻子《しゅす》を付け仕立も念を入《いれ》て申し分なく、

という描写があるが、このうちに出てくる色彩は三つの系統に属している。すなわち、第一に鼠色、第二に褐色系統の黄柄茶と媚茶、第三に青系統の紺と御納戸である。また『春告鳥』に、

御納戸と媚茶と鼠色の染分けにせし、五分《ごぶ》ほどの手綱染《たづなぞめ》（紅白など二色で幅広く染め分けた段だら染めの一種）の前垂《まえだれ》

その他のことを述べた後に、

意気なこしらへで御座《ござ》いませう（しょう）

といっている。「いき」な色とは、さしあたり、灰色、褐色、青色の三系統のいずれかに属するものと考えて差し支えないであろう。

このうち、まず鼠色は「深川《ふかがわ》ねずみ辰巳《たつみ》ふう」（深川・辰巳は色里として鼠色の

「いき」な色合いを暗示する）といわれるように「いき」なものである。鼠色すなわち灰色は白から黒に移り変わっていく無色性の段階を示す。色彩に含まれる色合いがしだいに明度を減じていった究極が灰色である。灰色は色合いの明度の減少、すなわち色の淡さそのものをあらわす光覚であり、それ故に、「いき」の要素である「諦め」を色としてあらわすのに最適なのである。そうであればこそ、灰色は江戸時代から深川鼠《ねず》、銀鼠《ぎんねず》、藍鼠《あいねず》、漆鼠《うるしねず》、紅掛鼠《べにかけねず》など種々のニュアンスに富んだ「いき」な色として尊ばれた。むろん、色だけを単独でとりだしてみるなら、灰色はあまりに「色気《いろけ》」がなくて「いき」の媚態をあらわすには不十分だろう。メフィストのいうように（ゲーテ『ファウスト』中のメフィストフェレスの科白《せりふ》による）「生」にそむいた「理論」の色にすぎないかもしれない。だが、具体的な模様においては、灰色は必ず二元性を主張する形にともなってあらわれてくるのであり、その場合、大抵は、形が「いき」の具体化である二元的媚態をあらわし、灰色が本質である非現実的理想性を示しているのである。

ふたつめの褐色すなわち茶色ほど「いき」として好まれる色はないだろう。それは「思ひそめ茶の江戸《えど》褄《づま》に」（薗八節《そのはちぶし》「花街《さと》の色糸《いろいと》」の一節。「思い初《そ》め」と「染《そ》め茶」をかけている）という言葉にもあらわれている。それで茶色はその種々の色合いによって実に多くの呼び名をつけられてもいる。まず色そのものの性質から名付けられたものには、白茶《しらちゃ》、御納戸茶《おなんどちゃ》、黄柄茶《きがらちゃ》、燻茶《ふすべちゃ》、焦茶《こげちゃ》、媚茶《こびちゃ》、千歳茶《せんさいちゃ》などがあり、なんらかの具体物の名をつけたものとしては、鶯茶、鶸茶《ひわちゃ》、鳶色《とびいろ》、煤竹《すすけたけ》色、銀煤竹《ぎんすすだけ》、栗色、栗梅《くりうめ》、栗皮茶《くりかわちゃ》、丁字茶《ちょうじちゃ》、素海松茶《すみるちゃ》、藍海松茶《あいみるちゃ》、かわらけ茶などがあり、また、その色を好んだ役者の名にちなんだ芝翫茶《しかんちゃ》、璃寛茶《りかんちゃ》、市紅茶《しこうちゃ》、路考茶《ろこうちゃ》、梅幸茶《ばいこうちゃ》などがあった。

では茶色とはどんな色かというと、赤からオレンジを経て黄にいたる派手な色調が黒みを帯びて明度を減じていったものである。すなわち光度の減少の結果生まれる色である。茶色が「いき」であるのは、一方でもともとの色調の華やかさがあると同時に、他方では明度が減少する結果、諦めを知る媚態、垢抜けした色気を表現するからである。

第三に、青系統の色はなぜ「いき」であるのか。まず、一般的に、明度の減少していない鮮やかな色調としてどのような色が「いき」であるかと考えてみると、なんらかの意味で黒みに適するような色調でなければならない。黒みに適するような色とはどのような色かというと、プールキンエ現象（チェコの生理学者プールキンエが発見した、明るさが減っていくにつれて、波長の短い青のような色が目立ってくる現象）によって夕暮れ時にひきたつような色としか考えられない。赤、オレンジ、黄は人間の網膜の暗順応（暗がりに網膜が順応して、はじめ見えなかったものがしだいに見えてくること）に従おうとしない色であり、暗がりが濃くなっていく中では消えていく色である。これに反して、緑、青、紫は薄暗がりにおいても視野に残りつづける色であり、それ故に、色調だけに限っていえば、赤、黄などより緑、青などの方が「いき」であるといえる。また赤系統の温色よりも青中心の寒色の方が「いき」であるといってもよい。したがって、紺や藍は「いき」でありうるのである。紫のうちでは赤みがかった京紫よりも、青っぽい江戸紫の方が「いき」とみなされる。青から緑の方に近づいた色は「いき」であるためには明度がかかわってくるのが一般的である。「松葉《まつば》色《いろ》の様《よう》なる御《お》納戸《なんど》」とか、木賊色《とくさいろ》とか、鶯色とかは、みな明度が減じて暗くなることで特に「いき」の性質を発揮するのである。

要するに、「いき」な色とは、いわば華やかな体験の後に残る消極的な残像ともいうべきものである。「いき」は過去をひきずりながら未来に生きるのである。個人的あるいは社会的体験に基づいた冷ややかな見方が、「いき」の追求する可能性に影をなげかけている。赤や黄などの温色のもたらす興奮を味わいつくした魂が、それとは逆の緑や青の寒色のもたらす沈静にひたるのである。また「いき」は色気のうちに色を無化する灰色をはらんでいるのであり、色に染まりながらも色になじまないのが「いき」なのである。「いき」は色っぽい肯定のうちに黒ずんだ否定を隠している。

以上をまとめれば、「いき」が模様として具体化されるにあたり、形と色の二要素をふくむ場合には、形としては「いき」の具体化である二元性をあらわすために平行線が用いられ、色としては、「いき」の本質である非現実的理想性をあらわすために一般に黒みを帯びて明度の低い、または冷たい色調が選ばれる。

茶屋建築における「いき」

次に模様と同じく抽象的な芸術である建築において「いき」はどのようにあらわれているだろうか。建築における「いき」ということであれば茶屋建築をあげなければならないが、まず茶屋建築の内部空間および外形がどのように機能的に作られているか考えてみる。およそ特別な異性との関係の基礎は本質的に多数を締め出したふたりきりということであり、そのふたりきりが特に外界と隔絶した沈潜にひたることができるように作られる内部空間は、排他的に完結するとともに緊密に集中するようなありかたを具体化しなければならない。「四畳半の小座敷の、縁《えん》の障子」は一切の外界との縁を断って、世俗を超越したふたりきりの場所として「意気なしんねこ（仲むつまじい）四畳半」（『春色梅暦』の一節）を提供する。すなわち茶屋の座敷としては「四畳半」が典型的と考えられ、この典型からあまりはずれないことが求められるのである。また、外形は内部空間のありかたに間接的ながら規定される以上、茶屋の外形も一定の大きさを越えてはならない。このことを基本的前提として、茶屋建築は「いき」の具体化をどのように表現するのだろうか。

「いき」な建築にあっては、内部外部の別なく、材料の選択と空間の区分けの仕方によって媚態の二元性があらわされる。材料面での二元性は木材と竹材の対照によってあらわされる場合が最も多い。永井荷風は『江戸芸術論』の中で次のような観察をしている。

家は腰高《こしだか》の塗骨障子《ぬりぼねしょうじ》（漆塗りした骨を用いた障子）を境にして居間と台所の二間のみなれど竹の濡縁《ぬれえん》の外には聊《ささや》かなる小庭ありと覚しく、手水鉢《ちょうずばち》のほとりより竹の板目《はめ》（あわせめ）には蔦《つた》をからませ、高く釣りたる棚の上には植木鉢を置きたるに、猶表側の見付《みつき》（正面）を見れば入口の庇《ひさし》、戸袋《とぶくろ》、板目なども狭き処を皆それぞれに意匠して網代《あじろ》（竹や葦などを薄く削ったものを網状に編んだもの）、船板、洒竹《しゃちく》などを用い云々。

また「竹材を用ゆる事の範囲並《ならび》に其の美術的価値を論ずるは最も興味ある事」であると注意している。もともと竹材には、

竹の色許由《きょゆう》がひさごまだ青し

とか、

埋《うめ》られたおのが涙やまだら竹

（いずれも宝井其角《たからいきかく》の句。許由《きょゆう》は中国神話上の隠者でひさご〈ひょうたん〉にまつわる逸話で知られる）というように、それ自体に情趣の深い色っぽさがあるが、「いき」の表現として竹を用いるということからすると、主として木材との二元的対立が要となる。なお竹のほかには杉皮も二元的対立の一方の要素として「いき」な建築に好

んで用いられる。

直《すぐ》な柱も杉皮附《すぎかわつき》、つくろはねども（とりたてて飾らなくても）おのづから、土地に合ひたる洒落造《しゃれづく》り、

とは『春色辰巳園』巻頭の叙述である。

室内の区分けにあらわれる二元性としては、まず、天井《てんじょう》と床《とこ》の対立がそれぞれの材料の差によって強調される。天井に丸竹《まるたけ》を並べたり、ひしぎ竹（丸竹を開いて平たくしたもの）を連ねたりするいわゆる竹天井の主たる役割は、この種の材料によって天井と床の二元性をはっきりさせるためである。天井を黒褐色の杉皮で張るのも青畳《あおだたみ》との対比を計算している。また天井そのものも二元性をあらわそうとすることが多い。たとえば不均等に二分して、大きい部分を棹縁《さおぶち》天井（棹縁〈細長い割木〉を等間隔で並べた上に天井板を張った造り）とし、小さい部分を網代天井とする、あるいは、さらに二元性を強調して、一部分には平《ひら》天井を用い、他の部分には掛込《かけこみ》天井（平天井と化粧屋根裏を組み合わせた天井）を用いるという具合である。床の方も二元性をあらわそうとする。床の間と畳とは二元的対立をはっきり示していなけれ

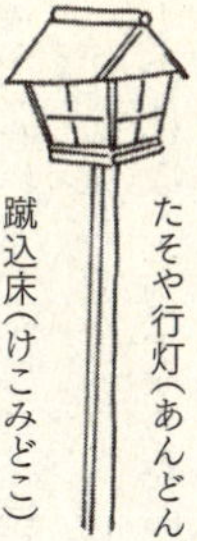

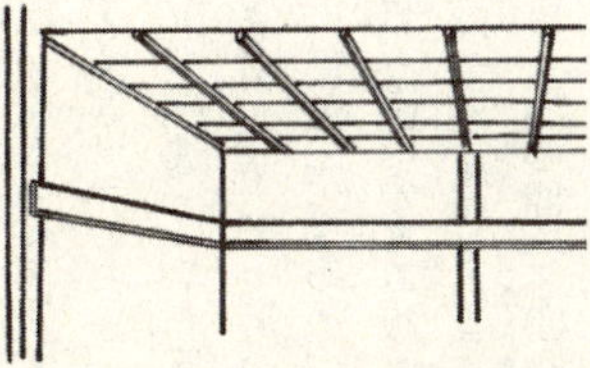

棹縁(さおぶち)天井

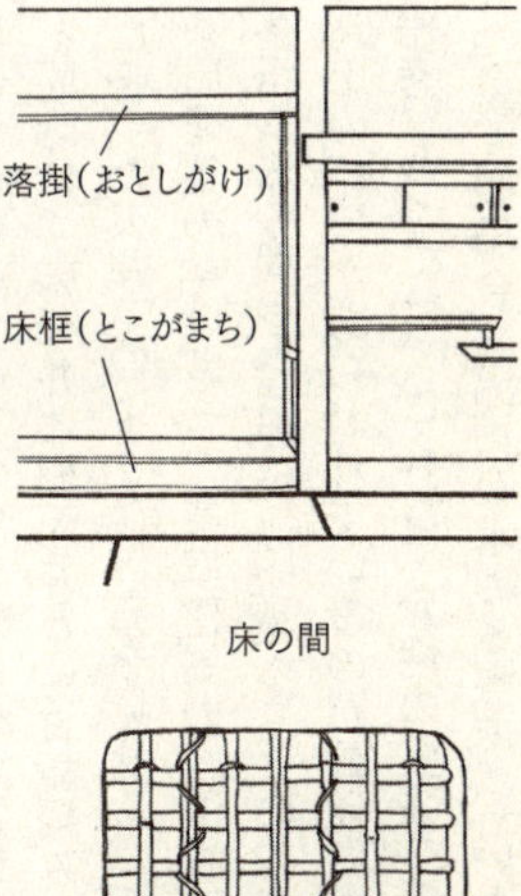

床の間

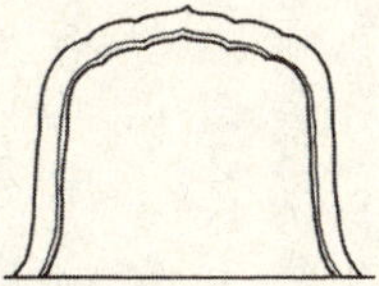

火燈窓(かとうまど)

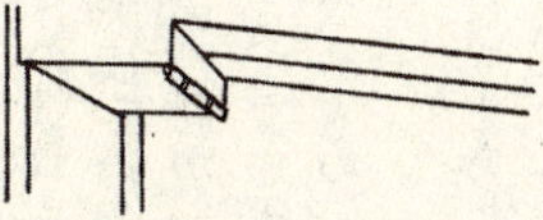

掛込(かけこみ)天井

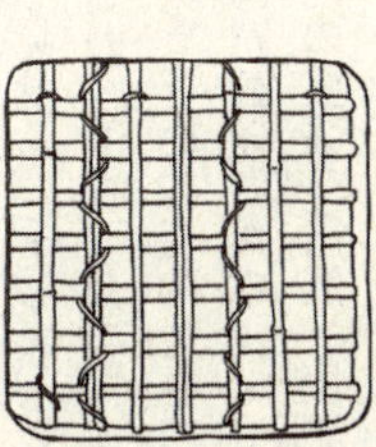

下地窓(したじまど)

ばならず、それ故に、床框《とこがまち》（床板の縁に敷かれた横木）の内側に畳や薄縁《うすべり》（畳表に畳縁を縫いつけた敷物）を敷くのは「いき」でないことになる。部屋全体の畳敷きに対して床の間の二元的対立が弱まってしまうからである。床の間には床板を張って部屋のほかの部分とはっきり対立させなければならない。すなわち床の間が「いき」の条件をみたすためには本床であってはならず、蹴込床《けこみどこ》（床框を省き、床板と畳の間の段差の部分に蹴込板《けこみいた》〈階段の踏み板と踏み板の段差部分の板〉を張ったもの）または敷込床《しきこみどこ》（床と畳の間に段差がないもの）を選ぶべきなのである。

また「いき」な部屋では、床の間と床脇《とこわき》の違《ちが》い棚《だな》との間にも二元的対立をあらわす必要がある。たとえば床板には黒褐色のものを使い、違い棚の下前《したまえ》にはひしぎ竹の白黄色のものを敷く。それと同時に、床天井と棚天井とに竹籠編みと鏡天井《かがみてんじょう》（棹縁などを用いずに板を鏡のように張った天井）のような対立を見せる。そして、この床脇の有無が、多くの場合、茶屋建築の「いき」と茶室建築の「渋味」との相違をあらわしている。また床柱と落掛《おとしがけ》（床の間の上に懸け渡す横木）との二元的対立の程度の差にも、茶屋と茶室の構造上の相違があらわれているのが普通である。

しかしながら、「いき」な建築にあっては、これら二元性の主張は当然、煩雑《はんざつ》なものになってはならない。また多くの場合、瀟洒《しょうしゃ》を求める点で、「いき」な建築は

「いき」な模様と同様の性質を示している。たとえば、なるべく曲線を避けようとする傾向がある。「いき」な建築として円形の部屋や円天井を考えることはできないし、火燈窓《かとうまど》（釣《つ》り鐘状《がねじょう》の窓）や木瓜窓《もっこうまど》（「木瓜」とよばれる紋所を模した窓）の曲線も好まれない。欄間《らんま》でも櫛形《くしがた》（木の櫛を模した半楕円形《はんだえんけい》）より角切《かくぎり》（四角形）が選ばれる。だが、具体物から独立して抽象的な模様と比べると建築の場合は曲線に対していくらか寛大である。「いき」な建築であっても円窓《まるまど》や半月窓《はんげつまど》が許されるし、床《とこ》柱《ばしら》を曲線状にしたり、下地窓《したじまど》（壁土を塗り付ける下地のように骨を見せた窓）の竹に曲がりくねった藤蔓《ふじづる》をまとわせる場合がある。これは、どの建築でもおのずと直線が剛直な強度を主張しがちになるのを緩和しようとするためであるだろう。抽象的な模様とは違って、建築は全体として具体物だからである。

なお、建築様式にあらわれる媚態の二元性を「いき」らしい理想主義的精神性を帯びたものにするには材料の色彩と採光照明のやりかたがある。建築材料の色彩の「いき」とは、結局、模様における色彩の「いき」と同じである。すなわち、灰色と茶色と青色のすべてのニュアンスが「いき」な建築を支配している。そして、一方でこの色彩上の「さび」があればこそ、他方で形として二元性を強く主張することができたといえるのである。もし、建築が形のうえで二元的対立を強く主張するばかりでなく、派手な色彩をも多用するなら、ロシアの室内装飾に見られるような一種の野暮に陥ってしまうほかない。

採光法、照明法についても同じ考え方で臨まねばならない。四畳半の採光は強烈な光を避けねばならない。外からの光は庇《ひさし》や袖垣《そでがき》、庭の木立などで適度に遮る必要がある。夜間の照明も強い明かりを用いてはならない。この条件に最も適したのは行灯《あんどん》だったが、機械文明においては、電灯に半透明のガラスを用いるか、あるいは、間接照明として反射させた光線を利用するかによって同じ目的を達しようとする。いわゆる「青い灯《ひ》、赤い灯」は必ずしも「いき」の条件にはかなわない。「いき」な空間に漂《ただよ》う光は「たそや行灯《あんどん》」（吉原遊郭《よしわらゆうかく》で路上に据えられた行灯）の淡い光である必要がある。そして、魂の底に沈んで、ほのかに「たが袖《そで》」（着物の袂《たもと》に入れた匂《にお》い袋《ぶくろ》）の薫《かお》りを嗅《か》がせるものでなければならない。

要するに、建築上の「いき」は、一方で「いき」の具体化である二元性を材料の差異と区分けの仕方によって示し、他方で「いき」の本質である精神的理想性を主として材料の色彩と採光照明の方法によってあらわすのである。

邦楽における「いき」

建築は凝結した音楽と呼ばれることがある（ドイツの哲学者シェリングの言葉）が、逆に、音楽を流動する建築と言うこともできる。では、この抽象芸術としての音楽の「いき」はどのようにあらわれるのだろうか。田辺《たなべ》尚雄《ひさお》氏の論文「日本音楽の理論　付粋の研究」によれば、音楽上の「いき」は旋律《せんりつ》とリズムの二面にあらわれている。旋律の基礎となる音階は、日本では都節《みやこぶし》音階と田舎節《いなかぶし》音階の二種あるが（日本伝統音楽の音階のうち陰《いん》音階を都節音階、陽《よう》音階を田舎節音階とよぶ）、前者は複雑な音楽のほとんどすべてを律《りつ》するものとして主要な位置をしめている。そして、平調《ひょうじょう》を宮音《きゅうおん》とすれば、都節音階は次のような構造となる。

平調―壱越《いちこつ》（または神仙）―盤渉《ばんしき》―黄鐘《おうしき》―双調《そうじょう》（または勝絶《しょうせつ》）―平調

この音階（いずれも、日本伝統音階の音名称）において、宮音となる平調と徴音《ちおん》となる盤渉は中心的な要として一定の位置づけを与えられているが（宮音は音階の中心となる音。主調音。徴音は宮音についで中心となる音）、これに対し、ほかの音は実際には理論と必ずしも一致せず、理論的位置からは多少ずれている。つまり変位をおこしているわけだが、まさに、この変位の度合いに応じて「いき」が生まれてくるのである。変位の度合いが小さすぎれば「上品《じょうひん》」な感じとなり、逆に大きすぎれば「下品《げひん》」な感じとなる。たとえば、盤渉から壱越を経て平調へと昇っていく旋律において、実際の壱越は理論上よりはいくらか低い。そして、その変位の度合いは長唄ではそれほど大きくないが、清元《きよもと》や歌沢《うたざわ》では一音の四分の三にもおよぶことがあり、野卑な端唄《はうた》などでは一音を越える場合すらある。また長唄でも、そのうちの物語体の箇所では変位が少なく、「いき」な箇所になると変位が大きくなるということがあり、さらに変位があまり大きすぎると下品な感じになってしまうのである。こうした現象は、勝絶から黄鐘を経て盤渉に至る際の黄鐘にも、平調から双調を経て黄鐘に至る際の双調にもあらわれ、また、平調から神仙を経て盤渉に至る下降旋律における神仙にも見られる。

リズムについていえば、伴奏楽器がリズムを刻み、唄はそれにあわせてリズムをとるわけだが、伝統日本音楽では、多くの場合、この唄のリズムと伴奏楽器のリズムが一致せず、多少のずれが生じる。長唄で「せりふ」に三味線をつけるところでは両者のリズムが一致しており、そのほかにもこうした例はあるが、その場合は大抵単調な感じとなる。「いき」な音曲では唄と楽器のリズムのずれは大体一リズムの四分の一ぐらいである。

以上は田辺氏の説だが、要するに、旋律における「いき」は、標準音階の統一的なバランスを崩して、変位の形で二元性を示すことにある。この二元性の提示によって緊張が生まれ、その緊張が「いき」の具体的あらわれである「色っぽさ」の表現となるのである。また、変位の程度が大きすぎず、四分の三ぐらいでとどまるところに「いき」の本質が具体化されるのである。リズム上の「いき」も同様で、唄と三味線のリズムの一致を破って二元性が提示されると同時に、そのずれが一定の度合いを越えないところに「いき」の本質と具体的あらわれが示されるのである。

さらに楽曲の構成にも「いき」が一定の条件つきであらわれているように思われる。顕著に高い音から突然始まった後、しだいに低い音に下降していくような楽節がいくつかくりかえされる場合は大抵「いき」である。たとえば歌沢の「新紫《しんむらさき》」のうちの「紫のゆかりに」のところはそういう構成になっている。すなわち「ムラサキ。ノ。ユカリ。ニ」と四節に分かれるが、その各節は突発的な高音から始まって下降していく。「音にほだされし縁の糸」のところも、同様に、「ネニホ。ダ。サレ。シ。エンノ。イト」と六節に分けられるように思われる。また、たとえば、清元の

「十六夜《いざよい》清心《せいしん》」のうちの、

梅見《うめみ》帰《がえ》りの船《ふね》の唄《うた》、忍ぶなら忍ぶなら、闇《やみ》の夜《よ》は置《お》かしゃんせ。

のところも同様の構成になっている。すなわち、

ウメミ。ガエリノ。フネノウタ。シノブナラ。シノブナラ。ヤミノ。ヨハオカシャンセ。

と七節に分けて考えることができる。

こうした場合に、このような楽曲が「いき」の表現でありうるのは、各節の始まりの高音が、その前の低音に対して顕著な色っぽい二元性を示していることと、各節とも音階が下降していってしだいに消えていくさびしさがあることのふたつにかかっている。この節の始まりにおける高音と低音の二元性と節全体の音階下降の関係は、ちょうど、「いき」な模様における縞柄《しまがら》と、くすんだ色彩の関係のようなものである。

こうして、意識現象としての「いき」の具体的あらわれとしての芸術は、平面的な模様および立体的な建築において空間的な表現をとり、形のない音楽において時間的な表現をとるが、いずれの場合にも、二元性の提示とその提示の一定のありかたを示している。さらにこれら芸術表現と身体表現を比べてみると、そこにも、同様に、意識現象としての「いき」の具体的あらわれとして一致がみられることを認めざるをえない。これを整理すると、二元性の提示は意識現象としての「いき」の具体的あらわれである「媚態」を基礎とし、その提示のありかたは「いき」の本質である「意気地《いきじ》」と「諦《あきら》め」を基礎としている。こう考えることによって、私たちは「いき」の具体的あらわれを意識現象としての「いき」に還元し、両者の関係を明らかにすると同時に、意味としての「いき」の構造を解明しえたと思うのである。

〔原注〕

決して派手な色であってはならない……アメリカ国旗や理髪店《りはってん》の広告棒が縞模様でありながら少しも「いき」でないのは、ほかにも理由があるだろうが、主として色彩が派手であるためである。これに対し、たとえば婦人用の煙管《きせる》の吸《す》い口《くち》と雁首《がんくび》の金具に銀と赤銅《しゃくどう》を使うことによって白っぽい銀色と青みを帯びた灰色の縞模様となっているものがあるが、形としては理髪店の広告棒とほとんど変わらないにもかかわらず、色彩効果によって反対に「いき」な印象を与えるのである。

六　結　論

解説　本論の考察を終えてしめくくりとなるこの結論では、あらためて「いき」の構造を明らかにしようとした試みの方法論的確認がおこなわれます。内容的には序説で宣言された方法論をほぼ追認するものといえますが、その方法論にしたがって順々に考察をおこなってきた結果をふまえて、「いき」という現象を考察することの意義と限界をふりかえるのです。

九鬼は「いき」というものが本来、概念的な言葉や理論によってはとらえきれない体験であり、その微妙な機微は実際に体得することによってしか理解できないことを再度確認しますが、そうした限界を認めたうえで、なおこうした分析的、理論的考察には、それによって初めて、それまで漠然と主観的に実感してきたものを客観的に把握することが可能となるという意義があるのであり、それこそが学問の存在理由にほかならないとも強調するのです。

こうした自分の方法論、考察に対する相矛盾するような評価は、九鬼の内に絶えず渦巻《うずま》いていた葛藤《かっとう》——粋人《すいじん》、社交人としての情念と哲学者としての責務の念の相克そのものの反映といえるでしょうが、この葛藤、相克の緊張に耐えつづけること——それは、まさに、「いき」の原理として九鬼が強調した二元性の緊張にほかなりません——からこそ『「いき」の構造』という独創的な哲学書は生まれたのです。

さらに後半では、「いき」の民族的特殊性が再度強調され、西洋文化に見られる同種の現象が実は似て非なるものであることが様々な例をあげて説かれますが、この場合にも、表立っては述べられませんが、西洋と日本の間に立って激しく揺り動かされてきたであろう九鬼の表情がうかがわれます。早くから西欧的思考法を身につけ、それを長年にわたる西欧滞在によって血肉化した九鬼がボードレールの「ダンディズム」やニーチェの「距離の熱情」のような思想に、まさに「いき」＝意気地に通じるような親近性をおぼえたことは容易に想像されますが、そうであればこそ、一層、自分の日本人としてのアイデンティティを確保するために、これらの思想と「いき」との差を言いつのらずにはいられないのです。これもまた、西欧と日本という二元性の緊張に耐えて意気地を貫き通す「いき」な覚悟にほかならないといえるでしょう。

概念的分析と体験

「いき」という現象を具体的な体験に即して解明しようとしてきたが、あらゆる考察の逃れえない制約として、結局、概念的分析に頼らざるをえなかった。個人ひとりひとりの体験と同様に民族それぞれの体験は概念的分析によってはすべて残りなく完全に語りつくすことはできない。具体的なものは厳密には体得することによってしか了解されないのである。メーヌ・ド・ビラン（フランスの哲学者。精神活動における意志的な働きを重視する立場を主張した。ここで言及されているのは、その『心理学の基礎』中の論）は、生まれつき目の見えない人に色彩がどのようなものであるか説明する方法がないと同様、生まれつきの麻痺《まひ》のため自力動作をしたことのない人に努力ということを言葉でわからせることはできないと言っている。趣味という体験についても、おそらく、より一層そうしたことがいえる。

「趣味」はまず体験として「味わう」ことから始まる。私たちは文字通り「味を覚える」のであり、その覚えた味を基礎として価値判断をくだすことになるのである。だが味覚といっても、純粋に味覚だけから成り立っていることは少ない。「味なもの」という時、それは味覚自体のほかに嗅覚によって嗅《か》ぎ分ける一種の匂いをも暗示している。とらえがたいほのかな香りを予期している。それのみならず、しばしば触覚までも加わっている。味のうちには舌触《したざわ》りも含まれているのであり、その「さわり」とは、心の糸（琴線）に触れる、言うに言われぬ微妙な動きである。この味覚と嗅覚と触覚すべてを含んで本来的な意味での「体験」は形成されるのである。

聴覚や視覚などいわゆる高等感覚とよばれるものは、直接的刺激から隔たった感覚（遠官）として発達し、対象と自己を分離して、対象を客観的に把握する。その結果、聴覚は音の高低を明確に判別するが、部音（楽器などから音が発される場合、その音自体〈基音〉のほかに、より振動数の高い音が発生し、複雑な音色を生み出すが、その音を部音、部分音、上音などという。倍音はその一種）の場合には、音色として聞こえることにより、明瞭に分別しがたくなる。同様に、視覚でも色彩の系統をたてて色調に応じ色を分けていくが、どれほど分けても、なお分けきることのできない色合いというものが残る。このように聴覚や視覚で明確に分別、把握しがたい、微妙な音色や色合いを体験として了解するのが感覚上の趣味にほかならない。

一般にいわれる趣味というのも、感覚上の趣味と同様、こうした微妙な「色合い」にかかわるものなのである。たとえば、道徳的、美的評価についてみられる人格的、民族的色合いである。ニーチェは「愛さないものを直ちに呪うべきであろうか」と問うて「それは悪い趣味だと思う」と答えている。また、それを「下品」だといっている（『ツァラトゥストラはこう語った』の一節）。こうした意味で趣味は道徳の領域においても意義をもち、また芸術においても「色を求めるのではない、ただ色合いのみ」（「詩法」の一節）とヴェルレーヌがうたったように、趣味としての色合い―ニュアンスというものがあるのである。

「いき」というものも、こうした民族性に根ざした趣味なのであり、そうであれば、最高度の意味での sens intime（内的感覚。単なる概念的、抽象的理解を越えた、直観に近いような感覚的理解。メーヌ・ド・ビランの哲学で重視された）を働かせて感得するのでなければならない。「いき」を抽象的、概念的に分析して得られたものは、具体的な「いき」のいくつかの要因を指し示すにすぎない。「いき」を分析することによってこうした抽象的、概念的要因を抽出することはできるが、逆に、そうした要因によって「いき」を構成することはできない。「媚態」といい、「意気地」といい、「諦め」といい、これらの概念は「いき」そのものの一部ではなく、要因にすぎないのであり、したがって、これらを寄せ集めて得られる観念としての「いき」と、実際に生きられた体験としての「いき」の間には、越えることのできない溝がある。言い換えれば、論理的に説明された「いき」と実際の「いき」の間には、はっきりとした区別がある。私たちが分析によって得たいくつかの抽象的、概念的要因を組み合わせて「いき」を構成できたように思うのは、すでに体験としての「いき」を自分のうちにもっているからにほかならない。

体験としての「いき」と、その概念的分析の間に、このような隔てがあるとすれば、「いき」の概念的分析は、体験としての「いき」の構造を外側から理解させるにあたって、ただ、その入り口に立たせること以上の助けにはならないだろう。

たとえば、日本の文化について知識のない外国人に「いき」の何たるかを説明する場合、まず「いき」の概念的説明によって入り口に立たせるわけだが、その先は彼自身の「内的感覚」によって「いき」というものを体得しなければならない。この意味で、「いき」の概念的分析は「いき」の根本理解に達するためのきっかけにすぎない。

だが、それでは、概念的分析の意義は、単にこうしたきっかけを提供するということにとどまるのだろうか。体験としての「いき」を論理的に説明するという営みは、そうした実際的な役割の有無、多少ということだけで評価されるべきものなのだろうか。いや、そうではない。体験されたものを概念化することによって明確な自覚に導くというところに人間知性の存在意義がかかっているのである。実際的な役割の有無、多少などは何の問題にもならない。体験と概念的認識との間には越えることのできない隔たりがあることをはっきりと意識しつつ、それでもなお、体験を論理的な命題として言語化することを課題として追求しつづけることにこそ、まさに学問の意義はあるのである。この意味で、「いき」の構造の理解ということも意義があると私は信じる。

具体的あらわれとしてではなく内的体験として「いき」を理解せよ

だが、初めにも述べたように、「いき」を、その表にあらわれた目に見える部分に基づいて理解しようとするのは大きな誤りである。表にあらわれた部分には「いき」の微妙なニュアンスの全容が示されるわけではない。表にあらわれた部分は種々の制約を課せられているのであり、意識現象としての「いき」の全体を、その広さと深さにおいて具現することは稀である。それは「いき」の象徴にすぎず、それ故に、「いき」の構造は、こうした身体表現あるいは芸術表現のみからでは理解できるものではない。逆に、これらの表現は、内的体験としての「いき」の意味を移入することによって初めて生かされ、納得されるものなのである。「いき」を本当に理解できるかどうかは、これら身体あるいは芸術表現を通してよりも、その奥の意識のありかたを探り、人がどう感じているかを問うことにかかっているのである。およそ「いき」の芸術表現というものは、人間性一般あるいは異性との特殊な関係のありかたを律する「いき」の原理に基づいて理解されなければ真の会得とはならない。

こうした内的体験としてのありかたが具体的な模様としてあらわれる例としては、ドイツ民族のかかえる一種の内的不安がすでに民族移動時代から不規則的な模様の形をとって見られ、さらにゴシックやバロックの装飾にも顕著な形であらわれているという事例がある。建築においても、こうした内的体験と芸術様式との関係が見られることは否定しがたい。

ポール・ヴァレリー（フランスの詩人、批評家）の『ユーパリノスあるいは建築家』（古代ギリシャの建築家を主人公として語られる芸術論）において、メガラ生まれの建築家ユーパリノスはこう言っている。

ヘルメス（ギリシャ神話に登場する富と幸運の神）のために私が建てた小さい神殿、すぐそこの、あの神殿が私にとって何であるかを知ってはいまい。路《みち》ゆく者は優美な御堂を見るだけだ――わずかのものだ、四つの柱、きわめて単純な様式――だが私は私の一生のうちの明るい一日の思い出をそこにこめた。おお、甘い変身《メタモルフォーズ》よ。誰も知る人はないが、このきゃしゃな神殿は、私が嬉しくも愛したひとりのコリントの乙女の数学的形象だ。この神殿は彼女独自の釣り合いを忠実にあらわしているのだ。

音楽においても、ロマン派あるいは表現主義とされる傾向の作品は、すべて体験の表現をめざしている。マショー（十四世紀フランスの作曲家）は恋人ペロンヌにむかって「私のものはすべてあなたの感情でできた」と告げており、ショパンはヘ短調ピアノ協奏曲の美しいラルゲットがコンスタンチア・グラコウスカに対する感情を旋律にしたものだと語っている。

体験の表現は必ずしも意識的になされなければならないというわけではない。芸術的衝動は無意識的に働く場合も多い。無意識的創造も体験の表現にほかならない。個人的あるいは社会的体験が無意識的に、だが自由なありかたで、芸術表現に結実したのである。身体表現の場合も同様である。身振りなどの身体表現はしばしば無意識のうちになされる。いずれにせよ、「いき」の目に見えるあらわれは意識現象としての「いき」を基礎として初めて本当に理解されるものである。

なお、目に見えるあらわれから「いき」の構造を解明しようとするとほとんど必ず失敗してしまう点がある。すなわち、「いき」の抽象的、概念的理解にとどまって、「いき」の特異なありかたを具体的、解釈的（後出する「解釈学的」同様、文化現象を人間精神の表現として読み解こうとする立場）に了解するまでに至らないことである。たとえば「美感を与える対象」（高橋穣『心理学』）としての芸術品の考察に基づいて「粋の感」の説明を試みる場合、結果として、「不快の混入」というようなきわめて一般的、抽象的な性質しかとらえられず、したがって「いき」は漠然としたraffiné（洗練）のような意味となり、「いき」と渋味の区別ができないばかりか、「いき」の民族的ニュアンスが全くとりこぼされてしまう。

もし「いき」がこのような漠然とした意味しかもっていないとすれば、西洋の芸術にも多くの「いき」を見出すことができるはずであり、「いき」とは「西洋でも日本でも」「現代人の好む」何ものかにすぎないことになる。だが、たとえばコンスタン・ギイやドガやファン・ドンゲンの絵にはたして「いき」のニュアンスがあるだろうか。サンサーンス、マスネー、ドビュッシー、リヒアルト・シュトラウスなどの作品中の旋律を厳密な意味で「いき」とよぶことができるだろうか。おそらく否であるだろう。

すでに述べたように、これらの芸術と「いき」の共通点を概念的抽象によってとりだすことは必ずしも難しいことではない。だが、こうした概念的理解のやりかたは、この種の文化現象の解明に適したものではない。それにもかかわらず、表面的あらわれから出発して「いき」を解明しようとする場合、大抵がこうした概念的方法をとってしまうのである。

要するに、「いき」の研究を、その目に見えるあらわれとしての身体表現あるいは芸術表現の理解から始めることは徒労に近い。まず意識現象としての「いき」の意味を民族的特性として解釈的に把握し、そのうえで初めて、その理解に基づいて身体表現および芸術表現にあらわれた具体的ありかたを正しく理解することができるのである。一言でいえば、「いき」の研究は民族的現象の解釈学としてのみ成立しうるのである。

「いき」を西洋文化に見出すことはできるか

民族的現象の解釈としての「いき」の研究は、「いき」の民族的特殊性を明らかにしようとするものであって、たまたま西洋芸術のうちにも「いき」に近いものが見出されたというようなことによって惑わされてはならない。目に見えるあらわれが「いき」の根本となる複雑なニュアンスすべてを必ずしも示していない以上、たとえ「いき」の芸術表現と同様のものを西洋芸術のうちに見出すことがあったとしても、それでただちに体験としての「いき」そのもののあらわれとみなし、西洋文化のうちにも「いき」が認められると推定することはできない。また、その芸術表現に私たちが「いき」を感じることがありえたとしても、それは、私たち日本人があらかじめ民族的ニュアンスを帯びた主観のフィルターを通して接しているからだと予想されるのであり、その表現そのものがはたして本当に「いき」のあらわれであるかどうかは全く別問題である。

だから重要なのは目に見えるあらわれではなく、結局、意識現象としての「いき」が西洋文化に存在するかどうかということになる訳だが、それでは意識現象としての「いき」を西洋文化に見出すことはできるのだろうか。西洋文化の構造を調べていくと、見出すことはできないと結論するほかない。

たとえばダンディズムといわれるものは、その意識のありかたにおいて、はたして、「いき」と同じ構造であり、同じ薫《かお》りとニュアンスを帯びているだろうか。ボードレールの『悪《あく》の華《はな》』一巻は、しばしば、「いき」に近い感情を表現している。「空無の味」のうちに「わが心、諦めよ」とか、「恋ははや味わいをもたず」とか、あるいは「讃《ほ》むべき春は薫を失いぬ」というような句は諦めの気分を十分表現しており、また「秋の歌」では「白く灼《や》くる夏を惜しみつつ、黄に柔《やわら》かき秋の光を味わしめよ」と言って人生の秋の黄色く淡い憂愁《ゆうしゅう》を描き出している。「沈潜」のうちにも過去をしのび、止揚する感情があらわされている。そして、ボードレール自身の説明（以下の引用は、いずれも『現代生活の画家』から）によるなら、「ダンディズムは頽廃期《たいはいき》における英雄主義の最後の光であって……熱がなく、憂愁にみちて、傾く日のように壮美である」、また、「élégance（優雅）の教説」として「一種の宗教」であるとされ、たしかに「いき」に類似した構造をもっているには違いない。

だが、それは「シーザーとカティリナとアルキビアデス（いずれも古代ローマ、ギリシャの政治家）とが顕著な典型を提供する」ものであって、ほとんど男性のみに適用されるものなのである。これに対し、「いき」においては、こうした英雄主義が、かよわい女性、しかも「苦界《くがい》」に身を沈めている女性にまでも息づいているところに特色がある。

また、ニーチェのいう「高貴」とか「距離の熱情」（ニーチェは『善悪の彼岸《ひがん》』において、高貴、偉大な人間は卑小、低俗な大衆に迎合《げいごう》することなく距離をおいて孤高《ここう》を守るべきことを説いている）なども一種の「意気地《いきじ》」には違いない。これらは騎士道《きしどう》から生まれたものであり、その点で武士道から生まれた「意気地」と区別しがたい類似性がある。

しかしながら、性的なもの一切を独断的に断罪したキリスト教の影響下に生まれた西洋文化にあっては、尋常の交渉（結婚）以外の性的関係は、即座に、唯物《ゆいぶつ》的な思想と一緒に地獄に落とされたのである。そこには、理想主義をめざす「意気地」が媚態のすべてを精神的なものに昇華して特別なありようにまで高めたようなプロセスはほとんど見られない。「女のもとへ行くか。笞《むち》を忘れるでないよ」（『ツァラトゥストラはこう語った』の一節）というのが、老婆がツァラトゥストラに与えた忠告だった。

一歩譲って、例外的に西洋文化にも「いき」が、特殊な個人的体験としてあらわれることがあるとしても、それは社会一般に民族的な意味体験として「いき」があらわれることとはまったく意義が違う。ある体験が一定の意味として民族的価値をもつ場合には、必ず、明確な言葉として定義され、通用するものでなければならない。「いき」に相当する語が西洋にないという事実は、西洋文化において「いき」という意識現象が一定の意味として民族的意義をもっていない証拠にほかならない。

このようにわが国の民族的特性として「いき」というものが現実に存在するにもかかわらず、抽象的、概念的で空疎なとらえかたに私たちは堕してしまっている。まやかしの「いき」にでくわすことがあまりに多く、そのまやかしを実体であるかのごとく語る虚言が氾濫《はんらん》している。だが、私たちは、このような「出来合《できあ》い」の類概念（同種のいくつかの概念を包括した概念。松、桜、梅を総称して木と言うような場合）を用いてとりかわされる flatus vocis（西洋中世哲学論争で用いられた語で、実体のない空言の意味）に惑わされてはならない。

こうしたまやかしに出会ったなら、「かつて我々の精神が見たもの」（プラトン『パイドロス』の一節[原注1]）を具体的な、ありのままの姿で思い出さなければならない。そのように思い出すことによって、私たちは「いき」が我々のものであることを解釈的に再認識することができるのである。

ただし、この場合、思い起こされねばならないのはいわゆるプラトン的実在論（感覚的にとらえられる具体物ではなく、理性によってのみ認識される超越的なイデア〈理念〉こそが実在であるとするプラトン的な発想）で主張されるような類概念の抽象的一般性ではない。それよりはむしろ唯名論《ゆいめいろん》（普遍が実在するか、しないかをめぐっておこった西洋中世哲学論争で、普遍などは名目《めいもく》にすぎず、具体的な個物こそが実在であるとした立場）が説く個別的特殊の一種である民族的特殊性である。この点で、プラトンの認識論の考え方を逆転させなければならないが、それでは、こうした意味での思い起こしはどうやって可能となるのかといえば、それは、私たちの精神文化を忘れさらないことによるほかはない。私たちの理想主義的精神的文化に対し熱烈なエロス（熱情）を持ちつづけることによるほかない。「いき」は武士道の理想主義と仏教の脱俗性に対し密接な内的関係がある。運命によって「諦め」を受け入れた「媚態」が「意気地」によって自由を生き抜く（原注2）のが「いき」ということである。人間の運命に対して曇りのない目をもち、魂の自由に向かって悩ましい憧れを抱く民族でなくては、媚態を「いき」にまで高めることはできない。「いき」の根本的意味は、その構造を私たち日本民族の存在証明として受け取って初めて、本当に会得され、理解されるのである。

〔原注〕

(1)「かつて我々の精神が見たもの」……プラトン『パイドロス』の一節。強調は「我々の」に置かれなければならない。ただし「思い出す」は、この場合、ふたつの意味での自己認識である。第一には「我々の」の強調による民族的自我の自覚であり、第二には「精神」と「意気」との間に根本的な関係があることに基づいて、自我が己の理想性を認識することである。

(2) 生き抜く……「いき」の語源の研究は、生《いき》、息《いき》、行《いき》、意気《いき》の関係を哲学的に解明することによってなされなければならない。「生」がその基礎となることはいうまでもないが、「生きる」ということにはふたつの意味がある。第一には生理的に「生きる」ことである。異性との特異な関係はここに基礎づけられている。したがって「いき」の具体的あらわれである媚態はこの意味での「生きる」ことから生じる。また「息」は「生きる」ための生理的条件である。

春の梅、秋の尾花《おばな》(すすき)のもつれ酒、それを小意気《こいき》に呑みなほす。(『春色辰巳園』)

という場合の「いき」と「息」の関係は単に偶然同じ発音というだけのことにとどまらないだろう。「いきざし」(息差し、息づかい)という語はそのことを証明している。

そのいきざしは、夏の池に、くれなゐのはちす(蓮)、始めて開けたるにやと見ゆ。(説話集『唐物語《からものがたり》』の一節)

という場合の「意気ざし」は、「息ざしもせず窺《うかが》へば」の「息差し」からきたものに相違ない。さらに「行」も「生きる」ことと密接な関係がある。ambulo(歩く)が sum(ある)の根拠となりうるかどうかデカルトも論じている(『哲学原理』)。「意気方」あるいは「心意気《こころいき》」の語で「いき」は明らかに「行《いき》」と発音される。「意気方よし」とは「行きかた善し」にほかならない。また、「好いた殿御《とのご》へ心意気」「お七さんへの心意気」のように、心意気は「……への心意気」という言い方で相手に向かって「行く」ことを語っている。一方、「息」は「意気差し」の形で、「行」は「意気方」あるいは「心意気」の形で、いずれも「生きる」ことの第二の意味を示している。それは精神的に「生きる」ことである。「いき」の本質である「意気地」と「諦め」とは、この意味での「生きる」ことに根ざしている。そして「息」あるいは「行」は「意気」の次元にまで高められた時、「生」の根本に還るのである。いいかえれば、「意気」こそが、根本的な意味で「生きる」ことなのである。

九鬼周造の生涯と思想

宿命的な生い立ち

九鬼周造は明治二十一年（一八八八）二月、東京、芝に、九鬼隆一《りゅういち》、波津《はつ》（はつ、初）の四男として生まれました。

父隆一は、九鬼水軍として知られる戦国時代の武将一門の血筋を引く武家の出身で、明治維新後は文部少輔（次官）、駐米特命全権公使、帝国博物館総長、枢密顧問官などを歴任し、男爵の爵位まで授けられた官界の大立て者です。野心家で権勢をふるった反面、傲岸、威圧的な人柄で敵も多かったといわれますが、そうした人柄は家庭にも大きく影響し、周造の生い立ちに影を投げかけたと思われます。

一方、母波津はもともと京都祇園で芸者にでていたところを隆一が見初めて妻に迎えたとされていますが、上品で物静かな女性だったと伝えられており、周造は終生この母への愛慕と憐憫の情を抱きつづけ、それが彼の女性観、人生観に深い影響をおよぼし、ひいては『「いき」の構造』成立にもかかわることになったのでした。

波津が周造を身ごもったのは、ちょうど駐米公使として赴任した夫隆一に付き添ってワシントンにいた時で、やがて出産が近づくにつれ、外国での暮らしが負担となり、日本への帰国を望むようになりました。その時、ちょうどワシントンに隆一をたずねてきたのが、文部省で隆一が目をかけてやっていた部下の岡倉覚三《おかくらかくぞう》（天心《てんしん》）でした。当時、岡倉は美術行政を担当し、懸案の高等美術学校や国立博物館創設準備のためにヨーロッパ各国の美術行政を視察した後、帰国する途中でしたが、隆一の依頼をうけて身重の波津を日本までエスコートすることになりました。

この偶然の出会いが天心、波津、隆一、さらには当時まだ生まれてもいなかった周造までをふくめたそれぞれの人生を大きく動かすことになったのです。日本までの一ヶ月ほどの旅の間に天心と波津は激しい恋に落ち、その後、十年以上も、この関係は断続的に続いて、深刻、悲惨な結果をもたらすことになりました。ふたりは、やがて、それぞれの家庭（天心もすでに若くして結婚した妻と子供がいました）を出て公然と共にすごすようになり、スキャンダルをひきおこしたあげく、とうとう最後には波津は隆一から離縁されたばかりか、精神に異常をきたしたとして無理矢理、病院に強制収容され、そこで三十年以上もすごしたまま没し、一方、天心の方は手塩にかけた東京美術学校（東京藝術大学美術学部の前身）を追われて野に下り、やがては日本を離れて亡命者的な外国生活を送る道筋に足を踏み入れることになるのです。

周造にとっても、当然、この事件は深刻なトラウマをもたらしました。ちょうど物心つき始める頃、母に連れられて家を出た周造は、母のもとに通ってくる天心を「伯父さま」と呼んでなじみ、天心を実の父ではないかと思ったことさえあったといいますが、やがて成長して、母が悲惨な境遇に陥ってからは、こうした事態の原因となった天心に親愛の感情と入り混じった複雑な恨みの念を抱くようになりました。大学時代、天心が美術史の講義にやってきても屈折した気持ちから挨拶も出席もしなかったといいます。しかし、それから、さらに年月がたってヨーロッパに留学するようになってからは、天心の遺した日本文化論の傑作である『東洋の理想』や『茶の本』を読んで、その偉大さに感激し、「まじり気のない尊敬の念だけ」（随筆『岡倉覚三氏の思出』）をおぼえるようになっていったというのです。また後に述べますが、『「いき」の構造』には『東洋の理想』や『茶の本』が深く、複雑な影を落としていると思われます。

哲学の道へ

東京高等師範学校附属小学校、中学校を経て第一高等学校に進んだ九鬼はやがて哲学を志すようになりました。中学時代には植物に興味をもって植物学者になろうと思ったり、高校入学時には外交官をめざしたりもしたといいますが、同級の天野《あまの》貞祐《ていゆう》（カント学者、一高校長、文部大臣などを歴任）、岩下壮一《いわしたそういち》（神学者、敬虔なカトリック信者で社会福祉事業につくした）などと親しくまじわり、哲学教授の岩元禎《いわもとてい》（夏目《なつめ》漱石《そうせき》『三四郎』に登場する広田先生のモデルともいわれる名物教授で多くの一高生に人格的感化をおよぼした）のもとに出入りしたりするうちに人生究極の真理を探求する道として哲学を専攻することを決め、明治四十二年（一九〇九）、東京帝国大学哲学科に入学したのです。

ここでは、ケーベル教授（ドイツ系ロシア人哲学者、音楽家で長く東京帝国大学で教え、その深い教養と高い人格によって広く尊敬され、慕われた）に師事し、カントやヘーゲルなどドイツの観念論哲学を中心に古代ギリシャ以来のオーソドックスな西欧哲学全般を学びましたが、その一方、当時急速に西欧から流入してきた世紀末デカダンス思潮やニーチェなど、感性をふくめた人間性全体を生きた姿でとらえようとする現代的な思想傾向にも触れて刺激をうけ、やがて『「いき」の構造』など独自の人間哲学、文化哲学を築くことになる下地を養ったと思われます。日露戦争後のこの時期は、パンの会（ギリシャ神話の牧羊神パンを守護神として耽美的な芸術や生活スタイルを主張したグループ、北原白秋《きたはらはくしゅう》、木下杢太《きのしたもくた》郎《ろう》、高村光太《たかむらこうた》郎《ろう》などが参加）など若い世代による新しい文化運動が激しくおこってきて、九鬼と同世代では、一高、東大で一緒だった谷崎潤一郎《たにざきじゅんいちろう》や和辻哲郎、学習院出身で白樺派を結成する武者小路《むしゃのこうじ》実《さね》篤《あつ》や志《し》賀《が》直哉《なおや》などが、それぞれ個性的な活動を開始し始めていましたが、九鬼も直接そうした活動に参加しないまでも刺激をうけていたはずです。

また大学在学中の明治四十四年には、親友岩下の感化もあってか、カトリック教会で洗礼をうけています。この岩下との交友は九鬼にとって因縁深いもので、同じ頃、九鬼は岩下の妹に恋し、岩下にその気持ちを打ち明けて相談にのってもらいましたが（逆に九鬼の方でも岩下の恋の相談にのっている）、当の妹は兄同様に厚い信仰心の女性で修道院に入ってしまい、九鬼の初恋ははかなく破れました。のちに九鬼はこの恋をふりかえってこんな歌を遺しています。

加特力《カトリク》の尼となりにし恋人も年へだたりぬ今いかならん

若盛りもえつつ匂ふ恋をせしその日を今日になす身ともがな

結婚と渡欧

明治四十五年、九鬼は大学を卒業すると、そのまま大学院に進み、研究生活に入りました。大正六年、次兄の一造《いちぞう》が亡くなりましたが、翌七年、遺された夫人の縫《ぬい》子《こ》と九鬼は結婚し、家庭をもちました。そして、大正十年（一九二一）、九鬼は縫子をともなってヨーロッパ留学の途につきます。ドイツの大学町ハイデルベルクに居を定めた九鬼は、当時、カント哲学の正統をついだ新カント学派の第一人者といわれたリッケルトに師事し、カントを中心とした講義をうけました。この時の九鬼の印象をリッケルトは次のように語っています。

お伽の国の金持ちのサムライであるが、その男が自分にカントの『純粋理性批判』をいっしょに読んでくれと頼むのだ。この常ならず高貴な物腰の紳士は他のどんな日本人ともまるで違って見える。背の高い痩せ形で、顔は割合に細く、鼻はほとんどヨーロッパ型、非常にしなやかな手をしている。その人の名はバロン・クキ。ドイツ語では（彼が自分でそう言ったのだが）九人の悪鬼といった意味だそうだ。（田中久文『九鬼周造』より）

このハイデルベルク滞在は二年ほど続きましたが、しだいに九鬼はリッケルト流のオーソドックスな観念論哲学には飽き足らないものを感じ始めました。あまりに抽象的な理念の世界にとじこもっていて生身の現実からかけはなれているように思われたからです。しばらくスイスのアルプス山中で植物採集などをしてすごした後、大正十三年（一九二四）秋にはパリに移りました。

もともと学者らしい冷徹な知性の反面、豊かな感性の持ち主でもあった九鬼の気性にパリでの生活はぴったりと合って、この花の都で九鬼は水を得た魚のように生き生きとすごし始めました。当時九鬼は日々の暮らしぶりや思いをしばしば短歌や詩につづっていますが、短歌集『巴里《パリ》小曲』や詩集『巴里心景』としてまとめられたこれらの詩歌にはそうした様子がよくあらわれています。

ドビユシイが夢みるごとき音色より巴里の空の春のひろがる

シャンゼリゼエの並木
黄色に染まつて散りゆくマロニエの葉、

＊　＊　＊

ああ、綺麗だ、振返つて見給へ、
紫色の空に錆びた落着いた色の凱旋門、

＊　＊　＊

こうした詩句にはフランスの風土と芸術に通いあうやわらかで洗練された感覚を胸一杯に吸い込むような九鬼の姿が鮮やかに浮かびあがってくるようです。

一方、九鬼は縫子という妻を同伴しながら、はばかる様子もなく、足繁く社交場や劇場に出入りしてはさまざまな女性と恋愛遊戯を楽しむという遊び人ぶりをも発揮しています。

ひと夜寝て女役者の肌にふれ巴里の秋の薔薇の香を嗅ぐ

くしけづるブロンドの髪灯に映えて明《あか》し幸《さち》ある閨《ねや》の空気よ

こうした遊蕩を抑えられない自分の気性を省《かえり》みて九鬼は、

ドン・ジュアン（ドンファン）の血の幾しづく身のうちに流るることを恥かしとせず

とうたってもいますが、ここには、やはり女性関係が激しく、それが妻波津を天心のもとに走らせる一因ともなったといわれる父隆一、天心との泥沼の恋の果てに破滅していった母波津の両親から受け継いだ宿命を自覚し、受けとめようとする気持ちがうかがわれます。

さらに

ふるさとの『粋《いき》』に似る香を春の夜のルネが姿に嗅ぐ心かな

のような歌には、まさにパリでのこうした恋愛遊戯から江戸遊里の世界が思い出されて『「いき」の構造』が着想されていった経過がうかがわれます。

九鬼哲学の誕生

そして、こうしたパリでの暮らしの中で、九鬼は、それまで彼を縛っていたリッケルト流の観念論哲学から脱して、自分本来の資質に似つかわしい独自の哲学スタイルを見つけだしていきました。

それは、一口でいうなら、生身の、デリケートで不安定な生のありかたを、そっくり生きたまま写し取り、その意味を考えるような哲学といえます。こうした哲学のありかたは、当時、世紀末デカダンスから第一次世界大戦にかけて急速に進行してきた不安な精神状況を背景としておこってきた生の哲学と総称される現代的な思想傾向——観念や論理ではなく、生そのものの具体的体験を重視して理解しようとする——を反映していますが、九鬼は、まさにパリでの感性的、官能的な体験を通じて、この哲学を自分のうちに吸収し、血肉化したのです。

パリにおいて、九鬼は、そうした新たにめざすべき哲学の導き手として、「純粋持続（生命そのものの分断、分析されない流れ）」と「直観」を軸とするベルクソンの思想に出会って傾倒しましたが、昭和二年（一九二七）になると、ドイツにもどって、現象学（一切の先入観を排除して、純粋な意識のありかたを探りだそうとする試み）の創始者であるフッサールや実存哲学（人間一般に共通する本質ではなく、実存すなわち個々の自己主体固有のありかたを追求する哲学、ちなみにドイツ語の existenz あるいはフランス語の existence を「実存」と日本語に訳して定着させたのは九鬼である）の代表者であるハイデッガーに学んで一層こうした方向に思索を深めていきました。のちに『嘔吐』や『存在と無』などの著作によって世界的な実存主義ブームを巻き起こし、第二次世界大戦後の思想界をリードすることになるフランスの哲学者サルトルがまだ無名の大学生だったこの頃に九鬼と交流してフッサールやハイデッガーの思想を紹介されたというのも有名なエピソードです。

こうした当時最先端の西欧現代哲学からの刺激と並行して、九鬼は、禅を土台とする東洋的無の哲学を構築した西田幾多郎の『善の研究』などをふまえて伝統日本的思想や文化にも視野を広げ、それらを綜合する形で自分の哲学の骨格を定めていきました。そして、その最初の具体的実現として、パリ滞在中の昭和元年（一九二六）には『「いき」の構造』の原型となる論文『「いき」の本質』執筆に着手します。この『「いき」の本質』から出発して、推敲を重ねながら、最終的に現在読まれている形での『「いき」の構造』を九鬼が完成、刊行するのは帰国後の昭和五年（一九三〇）のことですが、その構想はすでにこのパリ時代に生まれていたのです。

こうして異国で暮らしながら遠い母国をふりかえるようにして九鬼哲学は誕生したわけですが、その背景に見え隠れするのは、やはり母波津への、さらには天心あるいは父隆一への九鬼の思いです。

「いき」についての構想を練り始めていたパリ滞在中、九鬼は、先に紹介したようなパリジェンヌとの恋愛遊戯をうたった短歌の数々にまじえてこんな一首を残しています。

　　母うへのめでたまひつる白茶《しらちゃ》いろ流行《はやり》と聞くも憎からぬかな

母の記憶と結びついたこの白茶いろとは、すなわち、『「いき」の構造』第二章『「いき」の内部構造』において「『いき』の色彩というなら、おそらく、『遠つ昔の伊達姿、白茶苧袴《しらちゃおばかま》』の白茶色であろう」と讃えられた白茶色にほかなりません。つまり九鬼にとっての「いき」の原型はこの母の記憶であり、「いき」の意味を解明し、その価値を説くとは、花柳界の出身であるという宿命を終生負った母の存在を理解し、意義づけることにほかならなかったのです。この母の面影は『「いき」の構造』の随所に感じられます。「感覚的」で「俗」な、いわば「B級」文化として位置づけられることの多い歌舞伎や浮世絵、小唄、そして遊里の駆け引きや作法といった「いき」の文化について、そうした「感覚的」で「俗」な見かけの奥に武士道的矜持や仏教的諦念といった理想主義や精神性が潜んでいることを強調する九鬼の姿勢の根底にあったのも、そうした母への思いであったはずです。

一方また、そこには、こうした母への思いと背中合わせのようにして天心あるいは父への思いも反映していたでしょう。

九鬼はパリ滞在中に天心の『東洋の理想』や『茶の本』を読んで深く感激したことを後に語っていますが、その影響は『「いき」の構造』に屈折反転した形であらわれているといえます。天心の日本文化観に特徴的なことは、日本の各時代文化の中で、室町期の禅を根底とする精神的な文化を最高のものとして評価する反面、それにつづく江戸文化、とりわけ浮世絵などの町人文化に対しては感覚性、娯楽性に堕落しているとして否定的なことですが、九鬼はまさにこうした江戸町人文化への否定的評価を逆転させようとするのです。

こうした対照的な評価には、もともと天心が恩師フェノロサを通じて学んだヘーゲル流の観念論的美学を下敷きとしていたのに対し、九鬼の場合は、そうした十九世紀的な美学を抽象的で硬直したものとして退け、具体的な生の感覚を重視する現代的な美学を土台とするという時代性の差があらわれているといえますが、それと同時に母を破滅させた天心に対抗して母の存在の意味を擁護しようとする執念——『「いき」の構造』にならっていうなら意地——が働いていたと想像されるのです。そしてこの精神上の父に対する反抗は、横暴、専制的な家長としてやはり母を破滅に追いやった実の父隆一に対する反抗にも通じていくものでした。

このように両親および天心をめぐる積もる思いを下地としながら、それを思想に昇華するようにして九鬼の独創的な哲学は誕生したといえるのです。

昭和三年（一九二八）、九鬼はドイツからふたたびパリに戻り、フランス知識人の集会に招かれて、日本人の時間観、無限の表現をテーマとするふたつの講演をおこなって注目を集めた後、ベルクソンなどに別れを告げ、七年ほどにおよぶ留学生活を終えて帰国の途につきました。

京都へ

帰国した九鬼は、まもなく、京都帝国大学に招かれて着任します。

当時の京都帝国大学哲学科は西田幾多郎をはじめとして、田辺元《たなべはじめ》、和辻哲郎など日本を代表する哲学者たちが顔をそろえ、それぞれ個性的な仕事を展開するという活況を呈し、のちに京都学派とよばれることになる伝説的な黄金時代を築きつつありましたが、その期待の新人として九鬼は迎えいれられたのでした。

ちゃきちゃきの江戸っ子として生まれ育った九鬼にとって京都はヨーロッパとはまた別の意味で異文化の世界でしたが、敬愛する西田や同窓の和辻、天野貞祐が在職し、父隆一が文部官僚として創設にかかわったこの大学には浅からぬ縁を感じてなじんだようでした。

妻縫子を東京において単身赴任の形で京都に暮らすことになった九鬼は南禅寺《なんぜんじ》近くに居をかまえ、大学へ通うほかは、郊外を散歩したり、あるいは祇園で遊んだりしてすごしました。

いうまでもなく祇園は九鬼にとって母波津ゆかりの場所であり、生来の遊び好きでもあることから足繁く通い、祇園から大学に通っているなどという噂が立ったほどでしたが、そんな噂を九鬼は気にすることもなく、悠々と自分の暮らしの流儀で押し通したといわれます。

しかし、こうした単身赴任の生活が続くうちに縫子との仲はしだいに疎遠となっていきました。もともとパリ時代から、九鬼の女遊びのせいで縫子は九鬼から心が離れ始め、日本へも九鬼とは別に一足早く帰ってしまうといった状態でしたが、帰国してからも一層ふたりの関係は冷えきっていき、とうとう、離婚にいたってしまいました。パリ時代には遊蕩をつづけながらも

縫子よりよきもの無しとひたむきに思ひあまれる宵もこそあれ

とうたうこともあった妻といよいよ別れるにあたって、九鬼は、その淋しさを

今日までの妻よそびとになりしかな縁たち切るふみに印おす

ふるさとも妻も子もなしわが骨は犬のくわえて行くにまかせん

とうたい連ねています。

さらに、このしばらく前には、父隆一が病没、そのあとようやく病院から連れ戻した母波津もまもなく亡くなっていて、九鬼は一挙に身内を失ってしまったうえに、やがて無二の親友だった岩下壮一までも志なかばで倒れてしまいます。

一方で孤独を好みながら、もう一方では人一倍寂しがりのところがある九鬼でしたが、こうした運命に直面してこんな歌を残しています。

寂しさのやるかたもなし秋の夜に小さき舞妓の舞を見るかな

人の世は生きるにさびし冬の夜をいねがてにして物おもい居り

偶然性の問題

しかし、このような運命に見舞われながらも、九鬼はそれをただ嘆き、耐えるばかりでなく、自分の哲学を深めていく手がかりとして積極的にうけとめていきました。

九鬼がハイデッガーなどから示唆をうけて取り組んだ実存という主題は、いいかえれば偶然ということにほかなりません。偶然に生まれ、偶然に出会い、偶然に別れ、偶然に死んでいく人間の運命の意味は何なのか、それをどう意味づけ、うけとめていくのか——苛烈な実人生の体験をふまえながら九鬼はそれをこうした原理的な問いとして考えつめていきました。そして、その思索の経過を主著『偶然性の問題』（昭和十年）など偶然をめぐる一連の論考として発表していきました。ここで、そのくわしい内容にまで立ち入って紹介することはできませんが、一口でいえば、この世のさまざまな出来事がどのようにしておこってきたか、その原因、経過を分析、分類して、つまるところ、それらが究極的には、ちょうどさいころを振ってどの目がでるかわからないように、複数の可能性のうちのひとつの場合に偶然あたった、いいかえれば、ほかの場合にあたることもありえたということを示したうえで、そうした偶然性がとりわけ切実に自覚されるのが人間自身、自己自身、あるいは他人との関係においてであり、それこそが人間存在の実存性ないし運命というものであること、そして、こうした人間がおかれている偶然的、実存的、運命的状況を主体的、積極的に受けいれ、必然としていくべきことが説かれるのです。

ニーチェの説いた運命愛あるいはサルトルが主張した実存的自由に通じるような

この偶然性についての思想こそは哲学者としての九鬼が到達した究極点でした。

自然の摂理への帰依――すべてが詩のように美しい

昭和十二年、九鬼は「日本的性格」という論文を発表します。当時、日本社会は米英との対決姿勢、軍国主義化が進むにつれて急速に伝統国粋主義的風潮を強めつつありましたが、西田幾多郎をはじめとする京都学派の学者たちもこうした風潮に呼応するように、それぞれの思想的立場からの日本文化論を展開しました。「日本的性格」もそうしたひとつの例といえますが、そこには『「いき」の構造』や『偶然性の問題』の思考をひきつぎながら新たな角度からの日本文化観が加わっています。

ここで日本人の発想、行動様式を分析するにあたり、九鬼は三つの要素をあげていますが、そのうち、意気地(意地)と諦めは、『「いき」の構造』からそのまま変わらないのに対して、残る最も重要な要素として媚態が自然に入れ替えられているのが大きく変化している点です。

この自然ということについて、九鬼は賀茂真淵《かものまぶち》や本居宣長《もとおりのりなが》といった江戸の国学者の論をひきながら説明していますが、人為的な理屈や制度を排して、「おのずからな自然の道」にしたがうこと、つまり、ものごとのなりゆきにまかせることという意味の自然で、これが日本の政治、社会、文化などすべてに一貫する根本原理だというのです。

九鬼においてこうした「おのずからな自然の道」にしたがうという思想の下地となったのは偶然的な人生を運命として受け入れるという偶然性の思想であると考えられますが、偶然性の思想の段階では、そうした偶然的運命と自己との葛藤、緊張に重点が置かれていたのに対し、この「おのずからな自然の道」では、そうした葛藤、緊張は消えて、まったく抵抗なく、すっぽりと自然の内に吸収され、自己と自然が一体化する境地が説かれている点が際立っています。

こうした変化には、単に時代思潮に呼応するというだけではなく、九鬼自身の人生観の変容が反映されていたと思われます。運命に翻弄されるような体験を重ねながら晩年に近づくにつれて、人間の限界と自然の摂理の偉大さを実感し、人生の転変すべてを無条件で許し、受け入れようとする心境が垣間見えるようです。

九鬼の人生に宿命のようにかかわった天心について記した「岡倉覚三氏の思出」という随筆が書かれたのもちょうどこの頃でしたが、その中で九鬼は、幼少時に天心から可愛がられたこと、天心の子と間違われることなどもあったこと、母と天心の関係が悲惨な結末を迎えたこと、そのこだわりから大学時代には天心を避けたこと、しかし、天心の偉大さを理解し、ヨーロッパ滞在中に深い感銘をうけたことなどを淡々と述べてきた最後にこんな風に語っています。

やがて私の父も死に、母も死んだ。今では私は岡倉氏に対しては殆《ほと》んどまじり気のない尊敬の念だけを有っている。思出のすべてが美しい。明りも美しい。蔭も美しい。誰《だれ》も悪いのではない。すべてが詩のように美しい。

偶然性についての論考につづいて、九鬼は『「いき」の構造』と対をなすような「風流に関する一考察」(昭和十二年)、「情緒の系図」(昭和十三年)などの文化論や日本語における押韻《おういん》の詩的可能性を軸とする文芸論などの研究に力を注ぎましたが、五十代に入る頃からしだいに健康を害して衰えていきました。

私生活面では、妻縫子と離婚した後、祇園の芸妓だった中西《なかにし》きくえと同居して暮らすようになり、昭和十五年には、自身の設計になる新居を山科《やましな》に建てて移りましたが、その一年後の昭和十六年五月、癌によって五十三年の生涯を終えました。

『「いき」の構造』の特質と位置

最後に、『「いき」の構造』の特質とはどのようなものであり、日本文化論としてどのような位置をしめるものなのか、考えてみたいと思います。

九鬼にとって、『「いき」の構造』は、パリでの体験、同時代西欧思想の動向に刺激されながら、あらためて自分の日本人としての感性の特質を自覚的に検証し、その意味を探ろうとした試みでした。そのことは序説において丹念に「いき」に相当しうるような西欧語を取りあげて「いき」との異同を論じ、本論に進んでからも、機会あるごとに日本人の「いき」な仕草と西欧人の似て非なる仕草を対比したりしていることに歴然としているでしょう。その意味では、この著作は日本文化論であるとともに西欧文化論でもあり、両者をあわせて比較文化論であるともいえます。

では、日本文化のうちでも特に「いき」というものに焦点をしぼって論じたことの意味はどこにあるのでしょうか。先に述べたような個人的動機は別として、九鬼は、「いき」という従来は風俗的、感覚的な庶民の文化、B級サブカルチャーとして一段低く扱われてくることの多かった文化を正面からとりあげて、その構造を緻密に分析し、精神史的意義づけにまでおよぶことにより、宗教や芸術などのA級正統的文化と同等の位置を与え、それによって日本文化論の枠組みを広げたということができます。それは、ちょうど同時期に柳田国男《やなぎたくにお》が民俗学を本格的な学問として確立したのと並行するような生活文化の再発見といってもよいでしょう。

さらに、また、九鬼が「いき」を主題として設定したことには、二十世紀の哲学としての現代性があったといえます。ヨーロッパ滞在中、九鬼は、生の哲学、実存の哲学など同時代の新しい思想の洗礼をうけることによって、従来の観念的、抽象的な哲学のスタイルから脱し、具体的、感性的な体験に即した哲学のスタイルを確立していきましたが、「いき」はまさにそうした新しい哲学スタイルに合致した主題だったのであり、「いき」を、その様々なレベル——心理的、社会的、身体的、美学的など——から考察することにより、哲学の枠組みを広げて、たとえば今日の心身論的分析に通じるような可能性を開いたといえます。

そして、このように同時代の西欧哲学の発想や方法を組み込むことによって『「いき」の構造』は「いき」という文化の普遍的可能性を示そうとする試みともなっています。『「いき」の構造』の草稿がまずフランス語で執筆されたことでもわかるように、九鬼は、「いき」という文化が西欧などには見られない特殊日本的なものであるとしても、西欧人にも理解され、受け入れられるような世界的可能性を秘めていることを示そうとするのです。

この「いき」に潜在する普遍的、世界的可能性として九鬼が最も重視するのは媚態です。九鬼は媚態の本質が男女の間で相手にぎりぎりまで接近しながら相手にとらわれないこと、不安定だが自由で緊張した関係を持続することにあると強調しますが、それはまさにハイデッガーやサルトルが説いた実存哲学、実存主義的な生き方――神や社会制度などによって一律に規定されない、自分一個の、自分自身で責任を負った主体的で自由な生き方――の実践にあたるものだといえます。

このような実存哲学、実存主義的な裏付けのもとに媚態を意味づけ、それを軸として「いき」という文化の体系を構築していくことにより、九鬼は「いき」というものを単なる過去の特殊民族的な風俗としてではなく、民族や時代を超えて普遍的に現代人にも応用しうる文化として提示しようとするのです。

こうして『「いき」の構造』という独創的な日本文化論は幅広い可能性をはらみ、「いき」をうみだした江戸の遊里世界からはかけ離れた二十一世紀の現代社会にまで有効な思想でありつづけているということができるのです。

読書案内

『「いき」の構造』各種原典および訳書
『九鬼周造全集第一巻』（岩波書店）
『「いき」の構造　他二篇』（岩波文庫）
『「いき」の構造』（藤田正勝注釈解説　講談社学術文庫）
『対訳「いき」の構造』（奈良博英訳注釈　講談社インターナショナル）

関連書籍

『文藝論』（九鬼周造　岩波書店）
『人間と実存』（九鬼周造　岩波書店）
『偶然性の問題』（九鬼周造　岩波書店）
『九鬼周造随筆集』（菅野昭正編　岩波文庫）
『九鬼周造エッセンス』（田中久文編・解説　こぶし書房）
　九鬼の随筆、詩歌、草稿などを収録。
『九鬼周造の世界』（坂部恵ほか編　ミネルヴァ書房）

諸研究者による九鬼論および研究文献一覧を収録。

＊　＊　＊

坂部恵『不在の歌――九鬼周造の世界』（TBSブリタニカ）
田中久文『九鬼周造――偶然と自然』（ぺりかん社）
小浜善信『九鬼周造の哲学――漂泊の魂――』（昭和堂）
安田武・多田道太郎『『いき』の構造』を読む』（朝日新聞社）
村上嘉隆『九鬼周造――偶然性の哲学』（教育報道社）

＊　＊　＊

嶺　秀樹『ハイデッガーと日本の哲学　和辻哲郎、九鬼周造、田辺元』（ミネルヴァ書房）

【図版メモ】キャプションで示せなかった情報をまとめた。
九五頁の図版……『江戸結髪史』（金沢康隆著、青蛙房刊）による。「大丸髷」は喜多川歌麿画「歌撰恋之部　深く忍恋」（ギメ東洋美術館蔵）の部分。一一六〜一一七頁の図版……『日本・中国の文様事典』（視覚デザイン研究所編刊）、『日本の伝統文様事典』（片野孝志著、講談社刊）、『図解いろは引標準紋帖』（日本染織刊行会、京都書院刊）等によった。なお、「熨斗目」は歌川豊国画「歌川広重」の部分、「絣」は歌麿作「夏姿美人図」（遠山記念館付属美術館蔵）の部分、「丸尽くし」は「染分扇文字模様小袖貼屏風」（国立歴史民俗博物館蔵）の部分、「光琳模様」は光琳作「千羽鶴図」（香包）の部分である。「亜字」は三角亜紀子によるイラスト。一二九頁の図版……「蹴込床」は磯田湖龍斎画「色道取組十二番」の部分で示したほかは、『図解　建築・大工用語ノート』（佐藤守男著、井上書院刊）等を参照し、三角亜紀子によるイラストとした。

（編集部）

ビギナーズ 日本《にほん》の思想《しそう》

九鬼周造《くきしゅうぞう》「いきの構造《こうぞう》」

九鬼周造《くきしゅうぞう》

大久保喬樹《おおくぼたかき》=編

角川文庫 16703

平成二十三年二月二十五日　初版発行

発行者―山下直久

発行所―株式会社角川学芸出版
東京都文京区本郷五―二十四―五
電話・編集（〇三）三八一七―八九二一
〒一一三―〇〇三三

発売元―株式会社角川グループパブリッシング
東京都千代田区富士見二―十三―三
電話・営業（〇三）三二三八―八五二一
〒一〇二―八一七七
http://www.kadokawa.co.jp

印刷所―暁印刷　製本所―BBC

装幀者―杉浦康平

SP　G-1-9　ISBN978-4-04-407222-3　C0110

角川文庫発刊に際して

角　川　源　義

第二次世界大戦の敗北は、軍事力の敗北であった以上に、私たちの若い文化力の敗退であった。私たちの文化が戦争に対して如何に無力であり、単なるあだ花に過ぎなかったかを、私たちは身を以て体験し痛感した。西洋近代文化の摂取にとって、明治以後八十年の歳月は決して短かすぎたとは言えない。にもかかわらず、近代文化の伝統を確立し、自由な批判と柔軟な良識に富む文化層として自らを形成することに私たちは失敗して来た。そしてこれは、各層への文化の普及滲透を任務とする出版人の責任でもあった。

一九四五年以来、私たちは再び振出しに戻り、第一歩から踏み出すことを余儀なくされた。これは大きな不幸ではあるが、反面、これまでの混沌・未熟・歪曲の中にあった我が国の文化に秩序と確たる基礎を齎らすためには絶好の機会でもある。角川書店は、このような祖国の文化的危機にあたり、微力をも顧みず再建の礎石たるべき抱負と決意とをもって出発したが、ここに創立以来の念願を果すべく角川文庫を発刊する。これまで刊行されたあらゆる全集叢書文庫類の長所と短所とを検討し、古今東西の不朽の典籍を、良心的編集のもとに、廉価に、そして書架にふさわしい美本として、多くのひとびとに提供しようとする。しかし私たちは徒らに百科全書的な知識のジレッタントを作ることを目的とせず、あくまで祖国の文化に秩序と再建への道を示し、この文庫を角川書店の栄ある事業として、今後永久に継続発展せしめ、学芸と教養との殿堂として大成せんことを期したい。多くの読書子の愛情ある忠言と支持とによって、この希望と抱負とを完遂せしめられんことを願う。

一九四九年五月三日

角川ソフィア文庫ベストセラー

論語
ビギナーズ・クラシックス 中国の古典
加地伸行

儒教の祖といわれる孔子が残した短い言葉の中には、どんな時代にも共通する「人としての生きかた」の基本的な理念が凝縮されている。

老子・荘子
ビギナーズ・クラシックス 中国の古典
野村茂夫

道家思想は儒教と並ぶもう一つの中国の思想。わざとらしいことをせず、自然に生きることを理想とし、ユーモアに満ちた寓話で読者をひきつける。

孫子・三十六計
ビギナーズ・クラシックス 中国の古典
湯浅邦弘

歴史が鍛えた知謀の精髄！ 中国最高の兵法書『孫子』と、その要点となる三十六通りの戦術をわかりやすくまとめた『三十六計』を同時収録する。

韓非子
ビギナーズ・クラシックス 中国の古典
西川靖二

法家思想は、現代にも通じる冷静ですぐれた政治思想。「矛盾」「守株」など、鋭い人間分析とエピソードを用いて、法による厳格な支配を主張する。

史記
ビギナーズ・クラシックス 中国の古典
福島正

「鴻門の会」「四面楚歌」で有名な項羽と劉邦の戦い、春秋時代末期に起きた呉越の抗争など、教科書でおなじみの名場面で紀元前中国の歴史を知る。

蒙求
ビギナーズ・クラシックス 中国の古典
今鷹眞

江戸から明治にかけて多く読まれた歴史故実書。「蛍の光、窓の雪」の歌や、夏目漱石の筆名の由来になった故事など、馴染みのある話が楽しめる。

陶淵明
ビギナーズ・クラシックス 中国の古典
釜谷武志

自然と酒を愛し、日常生活の喜びや苦しみをこまやかに描く、六朝期の田園詩人。「帰去来辞」や「桃花源記」を含め一つ一つの詩には詩人の魂が宿る。

角川ソフィア文庫ベストセラー

李白
ビギナーズ・クラシックス 中国の古典
筧 久美子

酒を飲みながら月を愛で、放浪の旅をつづけた中国を代表する大詩人。「詩仙」と称され、豪快奔放に生きた風流人の巧みな連想の世界を楽しむ。

杜甫
ビギナーズ・クラシックス 中国の古典
黒川洋一

若いときから各地を放浪し、現実の社会と人間を見つめ続けた中国屈指の社会派詩人。「詩聖」と称される杜甫の詩の内面に美しさ、繊細さが光る。

白楽天
ビギナーズ・クラシックス 中国の古典
下定雅弘

平安朝以来、日本文化に多大な影響を及ぼした、唐代の詩人・白楽天の代表作を精選。紫式部や清少納言も暗唱した詩世界の魅力に迫る入門書。

唐詩選
ビギナーズ・クラシックス 中国の古典
深澤一幸

漢詩の入門書として、現在でも最大のベストセラーである『唐詩選』。時代の大きな流れを追いながら精選された名詩を味わい、多彩な詩境にふれる。

紫式部日記
ビギナーズ・クラシックス 日本の古典
紫式部
山本淳子 編

源氏物語の作者が実在の宮廷生活を活写。彰子中宮への鑽仰、同僚女房やライバルの評など、才女の目が利いている。源氏物語を知るためにも最適。

御堂関白記 藤原道長の日記
ビギナーズ・クラシックス 日本の古典
藤原道長
繁田信一 編

王朝時代の事実上の最高権力者で光源氏のモデルとされる道長は日記に何を書いていたか。道長の素顔を通して千年前の日々が時空を超えて甦る。

とりかへばや物語
ビギナーズ・クラシックス 日本の古典
鈴木裕子 編

内気でおしとやかな息子と活発で外向的な娘。父親は二人を男女の性を取り替えて成人式をあげさせた。すべては順調に進んでいるようだったが…。